この本の使い方 Cómo usar este libro

①指さしながら発音する

Pronunciar señalando la palabra con el dedo.

話したい単語を話し相手に見せながら発音します。相手は文字と発音を確認できるので確実に通じます。

②言葉を組み合わせる

Combinar las palabras para formar una frase.

2つの言葉を順番に指さしながら発音することで、文章を作ることができます。わかりやすいようにゆっくり指さしましょう。

③発音は大きな声で

Pronunciar en voz alta.

発音せずに指さすだけでも通じるのは確かですが「話したい」という姿勢を見せるためにも発音することは重要です。だんだん正しい発音に近づきます。

④相手にも指さしてもらう

話し相手にはスペイン語を指さしながら話してもらいます。あなたは日本語を読んで、その言葉の意味がわかります。

◎ P6 の「親愛なるスペインの友人たちへ」を読んでもらえば、この本の考え方が伝わり、より会話はスムーズになります。

⑤自然と言葉を覚えられる

Así se aprenderán las palabras más fácilmente.

指さしながら、発音し、相手の発音を聞く。これをくり返すうちに、だんだん言葉を覚えていきます。文法の知識やスペインでの会話のコツを知りたくなったら P85 からの文章が、難しい言葉は巻末の単語集がフォローしています。

親愛なるスペインの友人たちへ
⑥

第1部
「旅の指さし会話帳」本編
⑦

| 移動 | あいさつ | 観光 | 数字 | 買い物 |

空港→ホテル del aeropuerto al hotel ⑧	あいさつ saludos ㉒	観光（アンダルシア） Andalucía ㊱
空港から市内へ Desde el aeropuerto hasta la ciudad ⑩ 	呼びかけ cómo dirigirse ㉔	アンダルシアMAP mapa de Andalucía ㊳
歩く andar ⑫	自己紹介 cómo presentarse ㉖	数字 números ㊵
電車・バス tren・autobús ⑭	観光（バルセロナ） Barcelona ㉘	買い物をする Voy de compras ㊷
タクシー taxi ⑯	バルセロナMAP mapa de Barcelona ㉚	ファッション moda ㊹
ホテル hotel ⑱	観光（マドリード） Madrid ㉜ 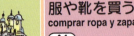	服や靴を買う comprar ropa y zapatos ㊻ 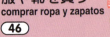
備品・チェック equipamiento/cheque ⑳	マドリードMAP Mapa de Madrid ㉞	欲しいものを探す buscar lo que quiera ㊽

第2部
スペインで楽しく会話するための
アドバイス
⑧⑤

第4部
スペイン語→日本語 単語集
⑩⑦

第3部
日本語→スペイン語 単語集
⑧⑨

あとがき
⑫⑥

| 食事 | 時間 | 文化 | トラブル | その他 |

市場で
mercado
⑤⓪

時間
hora
⑥④

病気とからだ
enfermedad y cuerpo
⑦⑧

キオスクで
en el kiosco
⑤②

1年と天気
calendario y tiempo
⑥⑥

病院と薬局
médico y farmacia
⑧⓪

食事をする
comer
⑤④

月日と年月
fechas
⑥⑧

トラブル
problemas
⑧②

レストランで
en el restaurante
⑤⑦

闘牛
corrida de toros
⑦⓪

連絡先の交換
intercambiar información de contacto
⑧④

料理
comida
⑤⑧

お祭り
fiestas
⑦②

果物・野菜・デザート
frutas/vegetales/postres
⑥⓪

サッカー
fútbol
⑦④

第5版から
ページアイコンを掲載！
会話内容をより直観的に探しやすくなりました。

おやつ・タパス
merienda/tapas
⑥②

フラメンコ
flamenco
⑦⑥

移動 / あいさつ / 観光 / 数字 / 買い物 / 食事 / 時間 / 文化 / トラブル / その他

③

この本のしくみ

第1部 指さして使う部分です

7ページから始まる第1部「本編」は会話の状況別に39に分けられています。指さして使うのはこの部分です。

イラストは実際の会話中に威力を発揮します

あわてている場面でもすぐ言葉が目に入る、会話の相手に興味を持ってもらう、この2つの目的でイラストが入れてあります。使い始めるとその効果がわかります。

インデックスでページを探す

前ページにある目次は各見開きの右側にあるインデックスと対応しています。状況に応じて目次を開き、必要なページをインデックスから探してください。

ページからページへ

会話の関連事項の載っているページについては「→22（ページ）」等の表示があります。会話の話題をスムーズに続けるためにぜひ活用してください。

→ P㉒

日本語の読みガナで話す

各単語には、一般的なスペイン人の発音をもとに、できるだけ実際の発音に近い読みガナがふってあります。まずは何度も話してみること。繰り返し話していくうちに、必ず発音はよくなります。

ホテル
hotel
オテル

第2部 さらに楽しく会話するために

スペイン語の基礎知識、対人関係のコツなど、旅でのコミュニケーションを深めるためのページです。スペインでの会話がさらにうまくいきます。

第3部・第4部 頼りになる充実の単語集

言葉がさらに必要になったら、単語集を開いてください。辞書形式で「日本語→スペイン語」「スペイン語→日本語」それぞれ約1800語を収録しています。

裏表紙を活用するために水性ペンを用意しましょう。書いた文字をふきとれば何度でもメモ書きに使えます。

折り曲げて持ち歩きやすいように、本書は特別な紙を選んで使っています。

この本の特長とヒント

　このシリーズは、語学の苦手な人でも、ぶっつけ本番で会話が楽しめるように、ありとあらゆる工夫をしています。実際に使った方からは「本当に役に立った」というハガキをたくさんいただきます。友だちができた方、食事に招かれた方、旅行中に基本的な言葉を覚えた方…。そんな方がたくさんいます。

　その土地の言葉で話そうとする人は歓迎されるもの。そして会話がはずめば、次々とおもしろい体験が押し寄せてきます。現地の人しか知らない「とっておきのおいしい店」や「最近の流行スポット」を教えてもらったり、そのときしか見られない催しに連れて行ってもらったり…。こういった体験は、おきまりの場所をたどる旅行より数十倍、数百倍おもしろいものです。

　では、どうすれば本書をそんなふうに使えるのか、そのコツを紹介します。

相手をおもしろがらせる

　本書は、実際の会話の場面で話し相手に興味を持ってもらうための工夫をいたるところにしています。旅行中に便利な言葉はもちろん、スペインの人に"ウケる"ことも考えて作られています。随所にちりばめられたイラストは、相手の興味をひくきっかけになります。本書を持っているだけで、会話のきっかけが生まれるのです。

語学が苦手でもどんどん話せる

　「単語の暗記や文法が苦手だから、外国語はちょっと…」。本書はそんな方にこそおすすめです。現地に着いたその瞬間から、スペイン語を使い、確実に通じさせることができます。会話でいちばん大切なのはハート。それに本書をプラスすれば、お互いの趣味や仕事の話など、ディープな会話までできるようになります。

言葉はひとつひとつ選りすぐり

　本書で紹介する単語は、あらゆる旅行シーンを想定し、厳選に厳選を重ねたもの。どれも使い勝手のよい、生きたスペイン語です。

　ぜひ旅行の前に本書を眺めて、どのページにどんな表現が載っているのかを把握してみてください。いざ会話をしたいときに、スムーズに話すことができます。

得意の言葉をつくる

　本書では、さまざまなシーン別に言葉が収録されています。そのなかから興味のあるジャンルを探し、話してみたい話題、好きな言葉を見つけてみましょう。実際に声に出して発音練習をしていくうちに、発音だけで通じる得意な言葉が生まれてきます。通じる楽しさ、語彙が増える楽しさを、ぜひ実感してください。

Queridos amigos en España

Todos los Japoneses que viajan con este libro, tienen un sueño con España y quieren saber más sobre España.

Pero en Japón no hay mucha oportunidad de saber sobre España y tendrán dificultad para comunicarse.

Por eso, escribí este libro para todos los Japoneses que no tienen ningún conocimiento de Español.

Si un viajante japonés tiene este libro señalando en frente de ti, quiero que les escuches por un rato. Así su impresión de España será maravillosa.

¡Qué maravilla si usted y el viajante Japonés se hacen amigos utilizando este libro!

Enséñeles el verdadero encanto de España a estos Japoneses.

Autora Kei Satoh

親愛なるスペインの友人たちへ

この本を手にスペインを旅している日本人たちは、みんなスペインに憧れ、もっとスペインのことを知りたいと思っています。けれども、日本ではスペイン語を学ぶ機会が少なく、コミュニケーションに苦労するでしょう。

そこで、スペイン語ができない日本人旅行者が、大好きなスペインを旅しながら、大好きなスペイン人のあなたたちとコミュニケーションできるきっかけのためにこの本を作りました。

もしいま、あなたたちの目の前で日本人が、この本を開いてどこかを指さしながら話しかけていたら、少しの間でいいので、聞いて答えてあげてください。そうすれば彼らのスペインに対する印象はより素敵なものになるはずです。また、この本を使ってのちょっとした会話から、あなたたちが〝友達〟になったとしたらどんなに素晴らしいことでしょう。

どうぞ、日本人旅行者にスペインのほんとうの魅力を教えてあげてください。

佐藤　圭

「旅の指さし会話帳」本編

CASTELLANO
SIN ESFUERZO

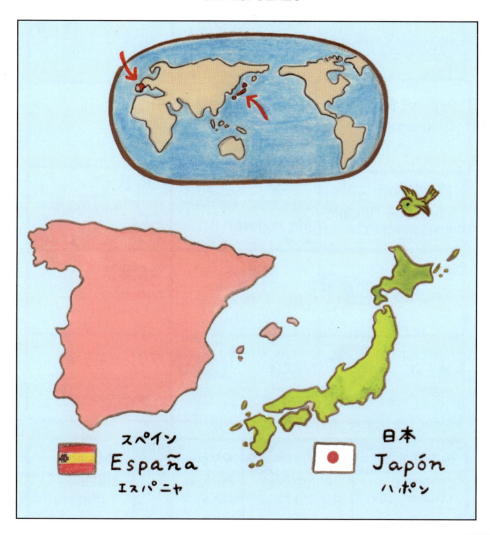

空港→ホテル del aeropuerto al hotel
デル　アエロプエルト　アル オテル

~はどこですか？
¿Donde está ~?
ドンデ エスター

到着 llegada ジェガダ	出発 salída サリダ
入口 entrada エントラダ	出口 salída サリダ

バゲージクレーム recogida de equipaje レコヒダ デ エキパヘ	両替所 cambio (de dinero) カンビオ（デ ディネロ）	トイレ servicio セルビシオ
~に行きたいです Quisiera ir a ~ キシエラ イル ア	インフォメーション información インフォルマシオン	WiFi WiFi ウィフィー
観光案内所 oficina de turismo オフィシナ デ トゥリスモ	券売機 vendedor (de tiquete) ベンデドル（デ ティケテ）	SIM カード tarjeta SIM del móvil タルヘタ シム デル モビル
駅 estación エスタシオン	電車 tren トレン	公衆電話 teléfono público テレフォノ プブリコ
地下鉄 metro メトロ	バス停 parada de autobús パラダ デ アウトブス	タクシー乗り場 parada de taxi パラダ デ タクシ

地下鉄で en metro エン メトロ	バスで en autobús エン アウトブス	タクシーで en taxi エン タクシ	歩いて andando アンダンド

| タクシー
Taxi
タクシ  | 地下鉄
Metro
メトロ | ~に乗りたいのですが
Quiero tomar un ~.
キエロ トマル ウン | →電車・バス P⑫ |

バス
autobús
アウトブス

空港→ホテル

移動 / あいさつ / 観光 / 数字 / 買い物 / 食事 / 時間 / 文化 / トラブル / その他

| いくらですか？
¿Cuánto cuesta?
クアント クエスタ | 一泊いくらですか？
¿Cuánto cuesta por un día?
クアント クエスタ ポル ウン ディア |

| ~ユーロです
~Euros
~エウロス | ~泊します →数字 P⑳
Me quedo ~días
メ ケド ~ディアス |

| 部屋は予約してあります
La habitación está reservada
ラ アビタシオン エスター レセルバダ | インターネットで
Por Internet.
ポル インテルネッ |

~付きの部屋がいいです
Quiero una habitación ~
キエロ ウナ アビタシオン

| 部屋
Habitación
アビタシオン | 朝食付き
con desayuno
コン デサジュノ | 風呂付き
con baño
コン バニョ | シャワー付き
con ducha
コン ドゥチャ |

9

空港から市内へ Desde el aeropuerto hasta la ciudad
デスデ エル アエロプエルト アスタ ラ シウダ

～にはどこから乗れますか？
¿Dónde puedo tomar~?
ドンデ プエド トマル

電車 →電車・バス P⑭	バス	タクシー
el tren	el autobús	un taxi →P⑯
エル トレン	エル アウトブス	ウン タクシ

国内線(飛行機)はどこですか？
¿Dónde están los vuelos nacionales?
ドンデ エスタン ロス ブエロス ナシオナレス

～までいくらかかりますか？	～までどのくらい時間がかかりますか？
¿Cuánto cuesta hasta~?	¿Cuánto se tarda hasta~?
クアント クエスタ アスタ	クアント セ タルダ アスタ →時間 P㉔
～は遠い(近い)ですか？	～までの行き方を教えてください
¿Está lejos(cerca) ~?	¿Me puede enseñar cómo ir a ~?
エスター レホス (セルカ)	メ プエデ エンセニャール コモ イル ア

～はどこにありますか？
¿Dónde está~?
ドンデ エスター

路線図	
el plano del metro	
エル プラノ デル メトロ	
時刻表	
el horario	
エル オラリオ	

バス停	プラットホーム	改札	切符売場
la parada de autobús	el andén	los tornos	la taquilla
ラ パラダ デ アウトブス	エル アンデン	ロス トルノス	ラ タキージャ

駅
la estación
ラ エスタシオン

10 ※マドリード～バルセロナ間の移動には、予約なしで乗れる「プエンテ・アエレオ」と呼ばれる飛行機が便利。
※レンタカーを利用する場合には国際免許証とクレジットカードが必要。道路は右側通行。

~行きの切符を〇枚ください
¿Me da ~billetes para~?
メ ダー ビジェテス パラ

~へ行くにはこの電車(バス)でよいですか？
¿Puédo tomar este tren(autobús) para~?
プエド トマル エステ トレン(アウトブス) パラ

~へ行くにはどの電車(バス)に乗ればよいですか？
¿Qué tren(autobús) puedo tomar para ir a~?
ケ トレン(アウトブス) プエド トマル パラ イル ア

次の~行きの電車(バス)は何時ですか？
¿A qué hora sale el próximo tren(autobús) para ~?
ア ケ オラ サレ エル プロクシモ トレン(アウトブス) パラ

乗り換えは必要ですか？
¿Hay que hacer transbordo?
アイ ケ アセル トランスボルド

ここに座ってもいいですか？
¿Me puedo sentar aquí?
メ プエド センタル アキー

はい
Sí
シ

いいえ
No
ノ

ここは私(私たち)の席です
Aquí es mi (nuestro) asiento
アキー エス ミ(ヌエストロ) アシエント

~に着いたら教えてください
¿Me puede avisar en cuanto llegue a ~?
メ プエデ アビサル エン クアント ジェゲ ア

~はまだですか？
¿Todavía no llegamos a ~?
トダビア ノ ジェガモス ア

タクシーを呼んでください
¿Me puede llamar un taxi?
メ プエデ ジャマル ウン タクシ

この住所
esta dirección
エスタ ディレクシオン

~までお願いします
¿Me puede llevar a~?
メ プエデ ジェバール ア

この近く
por aquí
ポラキー

このホテル
este hotel
エステ オテル

ここで降ろしてください
¿Me deja aquí?
メ デハ アキー

空港から市内へ

移動 / あいさつ / 観光 / 数字 / 買い物 / 食事 / 時間 / 文化 / トラブル / その他

歩く andar
アンダール

～へ行きたい ¿Quisiera ir a~? キシエラ イル ア	～はどこですか? ¿Dónde está~? ドンデ エスター
～は歩いて行けますか? ¿Se puede ir andando hasta~? セ プエデ イル アンダンド アスタ	迷ってしまいました Me he perdido メ エー ペルディド
地図で教えてください ¿Me señala en el mapa? メ セニャラ エン エル マパ	

～を探しています ¿Estoy buscando~? エストイ ブスカンド	観光案内所 oficina de turismo オフィシナ デ トゥリスモ	最寄りの駅 estación cercana エスタシオン セルカナ
バス停 →P⑭ parada de autobús パラダ デ アウトブス	タクシー乗り場 parada de taxi パラダ デ タクシ	ホテル hotel オテル	銀行 banco バンコ
トイレ el servicio エル セルビシオ	ATM cajero automático カヘロ アウトマティコ	日本大使館(領事館) embajada japonesa (consulado japonés) エンバハダ ハポネサ (コンスラド ハポネス)	警察署 policía ポリシア →P⑧②
カフェ →P㊷ cafetería(bar) カフェテリア(バル)	レストラン →P㊴ restaurante レスタウランテ	バル bar バル	スーパーマーケット supermercado スペルメルカド
コンビニ tienda de conveniencia (tienda de 24 horas) ティエンダ デ コンベニエンシア (ティエンダ デ ベンティ クアトロ オラス)	市場 →P㊿ mercado メルカド	お土産屋さん tienda de recuerdos →P㊷ ティエンダ デ レクエルドス	薬局 (ドラッグストア) farmacia ファルマシア

※街角に立っているポストは黄色。日本へ投函する場合は「Extranjero (海外)」と書かれた投入口へ。
切手は街中のタバコ屋(estanco)でも購入可能。

近いですか？
¿Está cerca?
エスター セルカ

遠いですか？
¿Está lejos?
エスター レホス

歩いて何分かかりますか？
¿Cuánto se tarda a pie?
クアント セ タルダ ア ピエー

ここからどう行けばいいですか？
¿Cómo se puede ir desde aquí?
コモ セ プエデ イル デスデ アキー

歩く

すぐにわかりますか？
（わかりやすいですか？）
¿Es fácil de llegar?
エス ファシル デ ジェガール

左
izquierda
イスキエルダ

右
derecha
デレチャ

〜を曲がる
gira a la 〜
ヒラ ア ラ

角
esquina
エスキナ

交差点（十字路）
cruce
(intersección)
クルセ（インテルセクシオン）

北
norte
ノルテ

西
oeste
オエステ

東
este
エステ

南
sur
スル

まっすぐ
（道なり）
recto
レクト

こちら
aquí
アキー

戻る
vuelve
ブエルベ

あちら
（向こう）
allí
アジー

移動 / あいさつ / 観光 / 数字 / 買い物 / 食事 / 時間 / 文化 / トラブル / その他

〜の隣（正面、後ろ）
al lado de〜(delante, atrás)
アル ラド デ （デランテ、アトラス）

13

電車・バス tren・autobús
トレン アウトブス

~へ行きたい	最寄りの~はどこですか？
¿Quisiera ir a~?	¿Dónde está la ~ más cercana?
キシエラ イル ア	ドンデ エスター ラ ~ マス セルカナ

駅	バス停
estación	parada de autobús
エスタシオン	パラダ デ アウトブス

~までの切符を（〇枚）ください	いくらですか？
¿Me da ~billetes para?	¿Cuánto cuesta?
メ ダー ~ビジェテス パラ	クアント クエスタ
	クレジットカードは使えますか？
	¿Se puede usar la tarjeta de credito?
	セ プエデ ウサル ラ タルヘタ デ クレディト

料金を紙に書いてください	英語で話してください！
¿Me escribe el precio en el papel?	¿Me puede hablar en ingles?
メ エスクリベ エル プレシオ エン エル パペル	メ プエデ アブラル エン イングレス

~行きの乗り場はどこですか？	~に停まりますか？
¿Dónde está la parada para ir a~?	¿Se para en~?
ドンデ エスター ラ パラダ パラ イル ア	セ パラ エン

この車両は禁煙車ですか？	どのくらい遅れていますか？
¿Está prohibido fumar en este tren?	¿Cuánto tiempo está retrasado?
エスター プロイビド フマール エン エステ トレン	クアント ティエンポ エスター レトラサド
乗り換えは必要ですか？	どこで乗り換えればいいですか？
¿Hay que cambiar de linea?	¿Dónde se puede cambiar de línea?
アイ ケ カンビアル デ リネア	ドンデ セ プエデ カンビアル デ リネア

到着(出発)までどれくらいかかりますか？
¿Cuánto se tarda en llegar(salir)?
クアント セ タルダ エン ジェガール（サリール）

※スペインのターミナル駅では長距離列車の場合、X線による荷物検査がある。
※長距離バスは道々、休憩をとるが、集合時間に遅れるとおいていかれることがあるので要注意！

〜で降ります ¿Me bajo en ~? メ バホ エン	〜に着いたら教えてください ¿Me puede avisar en cuanto llegue a ~ ? メ プエデ アビサル エン クアント ジェゲ ア
この席は空いていますか？ ¿Está libre este asiento? エスター リブレ エステ アシエント	ここは私(私たち)の席です Aquí es mi (nuestro) asiento アキー エス ミ (ヌエストロ) アシエント
席を譲っていただけますか？ ¿Podría cerderme el asiento? ポドリア セルデルメ エル アシエント	〜はまだですか？ ¿Todavía no llegamos a~? トダビア ノ ジェガモス ア

電車・バス

切符 billete ビジェテ	切符売場 taquilla タキージャ
改札 los tornos ロス トルノス 	プラットホーム el andén エル アンデン 
片道 ida イダ	往復 ida y vuelta イダ イ ブエルタ
運賃 tarifa タリファ 	売り切れ agotada アゴタダ
時刻表 horario オラリオ	路線図 el plano del metro エル プラノ デル メトロ
各駅 tren local トレン ロカル	急行（特急） tren rápido(tren limitado express) トレン ラピド（トレン リミタド エクスプレス）
始発 terminal テルミナル 	終点 parada terminal パラダ テルミナル

移動／あいさつ／観光／数字／買い物／食事／時間／文化／トラブル／その他

タクシー
taxi
タクシー

タクシーを使います
Uso el taxi
ウソ エル タクシ

タクシーを呼んでください
¿Me puede llamar un taxi?
メ プエデ ジャマル ウン タクシ

タクシー乗り場はどこですか？
¿Dónde está la parada de taxi?
ドンデ エスター ラ パラダ デ タクシ

タクシーはどこでつかまりますか？
¿Dónde puedo tomar un taxi?
ドンデ プエド トマル ウン タクシ

タクシーで行った方が早いですか？
¿Será más rápido tomar un taxi?
セラー マス ラピド トマル ウン タクシ

~まで迎えに来てくれますか？
¿Puede venir a recogerme hasta~?
プエデ ベニル ア レコヘルメ アスタ

~までお願いします
Quisiera ir a ~
キシエラ イル ア

これが行先の住所です
Aquí tiene la dirección
アキー ティエネ ラ ディレクシオン

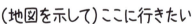

（地図を示して）ここに行きたい
Quiero ir aquí
キエロ イル アキー

時間はどのくらいかかりますか？
¿Cuánto se tarda?
クアント セ タルダ

急いで（飛ばして）ください！
¡Deprisa! Por favor. /
Apresúrese, por favor.
デプリサ ポルファボール/
アプレスレセ ポルファボール

料金はいくらくらいですか？
¿Cuánto cuesta?
クアント クエスタ
→数字 P.40

16　※後部座席の右側に料金表が貼ってあるので、乗車前に確認を！
　　※タクシー乗車時のチップは、お釣りの小銭（1€未満）が目安。

トランクを開けてください ¿Me puede abrir el maletero? メ プエデ アブリル エル マレテロ	荷物を入れるのを手伝っていただけますか？ ¿Me puede ayudar con mis maletas? メ プエデ アジュダール コン ミス マレタス
	荷物はこれだけです Esto es todo エスト エス トド

タクシー

道路は混んでいますか？ ¿Cómo está el tráfico? コモ エスター エル トラフィコ	～暑い(寒い)です hace calor(frio) アセ カロール (フリオ)
エアコンを点けて(消して)ください ¿Puede encender (apagar)el aire acondicionado? プエデ エンセンデル (アパガル) エル アイレ アコンディシオナド	
窓を開けても(閉めても)いいですか？ ¿Puedo abrir(cerrar) la ventana? プエド アブリール (セラール) ラ ベンタナ	少し un poco(poquito) ウン ポコ (ポキト)
ここで降ろしてください ¿Me deja aquí? メ デハ アキー	とても mucho(muchisimo) ムチョ (ムチシモ)
少し待っていてくれますか？ ¿Me puede esperar un poco? メ プエデ エスペラル ウン ポコ	クレジットカードは使えますか？ ¿Se puede usar la tarjeta de crédito? セ プエデ ウサル ラ タルヘタ デ クレディト
細かいのがありません。お釣りはありますか？ No tengo monedas. ¿Tiene cambio? ノ テンゴ モネダス　　ティエネ カンビオ	
お釣りは取っておいて！ Quédese con la vuelta ケデセ コン ラ ブエルタ	領収書をお願いします El recibo, por favor エル レシボ ポルファボール

移動 / あいさつ / 観光 / 数字 / 買い物 / 食事 / 時間 / 文化 / トラブル / その他

17

ホテル hotel
オテル

〜なホテルを探しています Estoy buscando un hotel~ エストイ ブスカンド ウン オテル	とても安い muy barato ムイ バラト

駅から近い cerca de la estación セルカ デ ラ エスタシオン	サービスの良い con buen servicio コン ブエン セルビシオ	安全 con buena seguridad コン ブエナ セグリダッ

○○の名前で予約してあります Tengo reservado con el nombre de~ テンゴ レセルバド コン エル ノンブレ デ	インターネット(電話)で予約しました He reservado por internet(teléfono) エー レセルバド ポル インテルネッ(テレフォノ)	カードで支払い済みです Lo pagué ya con mi targeta de crédito. ロ パゲー ジャー コン ミ タルヘタ デ クレディト

空き部屋はありますか？ ¿Hay habitación libre? アイ アビタシオン リブレ	予約していないけれども泊まれますか？ ¿Se puede alojar sin reserva? セ プエデ アロハル シン レセルバ

〜の部屋に泊まりたい Quiero reservar una habitación ~ キエロ レセルバル ウナ アビタシオン	バスタブのある*1 con baño コン バニョ	シャワー付きの con ducha コン ドゥチャ

シングル individual インディビドゥアル	ツイン doble ドブレ	ダブル de matrimonio デ マトリモニオ	スウィート suite スイテ

エアコンのある con aire acondicionado コン アイレ アコンディシオナド	テレビのある con televisión コン テレビシオン	眺めのいい con buena vista コン ブエナ ビスタ	上層階 piso alto ピソ アルト

喫煙できる fumador フマドル	禁煙の no fumador ノ フマドル	静かな tranquila トランキーラ	広い grande グランデ

*1 ホテルによってはバスタブのない浴室もあるので、バスタブの有無を確認したいときは「bañera（バニェラ）＝バスタブ」という単語を覚えておこう。
※ホテルのポーターやベッドメイキングに払うチップの目安は1€。

ホテル

部屋を見せていただけますか？
¿Puedo ver la habitación?
プエド ベル ラ アビタシオン

他の部屋も見せてください
¿Puedo ver otra habitación?
プエド ベル オトラ アビタシオン

気に入りました
¡Me gusta!
メ グスタ

チェックインをお願いします
Check in, por favor
チェック イン ポルファボール

朝食付きでいくらですか？
¿Cuánto cuesta con el desayuno?
クアント クエスタ コン エル デサジュノ

朝食は要ります(要りません)
con desayuno(sin desayuno)
コン デサジュノ（シン デサジュノ）

〜です
Soy ~
ソイ

私の名前は
Me llamo~
メ ジャモ

これが私のパスポート
Aquí tiene mi pasaporte
アキー ティエネ ミ パサポルテ

これが私のクレジットカード
Aquí tiene mi tarjeta de crédito
アキー ティエネ ミ タルヘタ デ クレデイト

現金で支払えますか？
¿Se puede pagar en efectivo?
セ プエデ パガル エン エフェクティボ

チェックアウトは何時ですか？
¿A qué hora tengo que salir (es el check out)?
ア ケ オラ テンゴ ケ サリール (エス エル チェック アウト)
→時間 P.64

朝食(夕食)は何時ですか？
¿A qué hora es el desayuno (la cena)?
ア ケ オラ エス エル デサジュノ (ラ セナ)

食堂はどこですか？
¿Dónde está el comedor?
ドンデ エスター エル コメドル

荷物を預かっていただけますか？
¿Puedo dejar el equipaje con vosotros?
プエド デハル エル エキパヘ コン ボソトロス

滞在は〜日です
Quisiera quedarme por ~
キシエラ ケダルメ ポル

もう1泊できますか？
¿Me puedo quedarme una noche más?
メ プエド ケダルメ ウナ ノチェ マス

1日	2日	3日	4日	5日	6日	7日
una noche	dos noches	tres noches	cuatro noches	cinco noches	seis noches	siete noches
ウナ ノチェ	ドス ノチェス	トレス ノチェス	クアトロ ノチェス	シンコ ノチェス	セイス ノチェス	シエテ ノチェス

移動 / あいさつ / 観光 / 数字 / 買い物 / 食事 / 時間 / 文化 / トラブル / その他

19

備品・チェック equipamiento/cheque
エキパミエント／チェケ

equipo/cheque

部屋に〜はありますか？
¿Hay~en la habitación?
アイ 〜エン ラ アビタシオン

- LANケーブル / cable de Lan / カブレ デ ラン
- 金庫 / caja fuerte / カハ フエルテ

〜を貸してください
¿Me puede prestar~?
メ プエデ プレスタル

- アイロン / la plancha / ラ プランチャ
- 変圧器 *1 / el transformador / エル トランスフォルマドル
- ドライヤー / el secador / エル セカドル
- ヘアブラシ / el peine / エル ペイネ
- 枕 / una almohada / ウナ アルモアダ
- 毛布 / una manta / ウナ マンタ

〜をください
Quiero ~
キエロ

- タオル / una toalla / ウナ トアジャ
- バスタオル / una toalla de baño / ウナ トアジャ デ バニョ
- トイレットペーパー / papel higiénico / パペル イヒエニコ
- 石鹸 / un jabón / ウン ハボン
- シャンプー / un champú / ウン チャンプー
- 歯磨き粉 / pasta de dientes / パスタ デ ディエンテス
- 歯ブラシ / un cepillo de dientes / ウン セピジョ デ ディエンテス
- 地図 / un mapa / ウン マパ
- 新聞 / un periódico / ウン ペリオディコ

WiFiがつながらない
No estoy conectado con el WiFi.
ノ エストイ コネクタド コン エル ウィーフィー

鍵がかかりません
No se cierra la llave
ノ セ シエルラ ラ ジャベ

トイレの水が流れません
No corre el agua en el servicio
ノ コルレ エル アグア エン エル セルビシオ

電話がかけられません
No funciona el teléfono
ノ フンシオナ エル テレフォノ

虫(ゴキブリ)が出ます！
¡Hay una cucaracha!
アイ ウナ クカラチャ

隣の部屋が騒がしい
Es muy ruidosa la habitación de al lado
エス ムイ ルイドサ ラ アビタシオン デ アルラド

20　＊1スペインの電圧は220ボルト、周波数50ヘルツ。プラグはCタイプと呼ばれる形状。
※パスポートの原本はホテルの金庫に預け、外出する際はコピーを携行するのがベター。

近くに～はありますか?
¿Hay ~cerca de aquí?
アイ セルカ デ アキー

スーパーマーケット un supermercado ウン スペルメルカド	コンビニ tienda de conveniencia (tienda de 24 horas) ティエンダ デ コンベニエンシア (ティエンダ デ ベンティ クアトロ オラス)	レストラン un restaurante ウン レスタウランテ	バル un bar ウン バル → P.54
カフェ una cafeteria ウナ カフェテリア	ドラッグストア una farmacia ウナ ファルマシア	ATM un cajero automático ウン カヘロ アウトマティコ	銀行 un banco ウン バンコ

鍵を～ ~la llave ラ ジャベ	部屋に忘れました Se me olvidó la llave en la habitación セ メ オルビドー ラ ジャベ エン ラ アビタシオン	ドアが(窓が) ~la puerta (ventana) ラ プエルタ (ベンタナ)	開きません no se abre ノ セ アブレ
なくしました Se me perdió セ メ ペルディオー	盗まれました Me han robado メ アン ロバド	閉まりません no se ciarra ノ セ シエラ	壊れています está roto エスター ロト

～が出ません No sale~ ノ サレ		～が点きません No se enciende~ ノ セ エンシエンデ	
水 el agua エル アグア	お湯 el agua caliente エル アグア カリエンテ	エアコン el aire acondicionado エル アイレ アコンディシオナド	照明 la luz ラ ルス

備品・チェック

移動 | あいさつ | 観光 | 数字 | 買い物 | 食事 | 時間 | 文化 | トラブル | その他

あいさつ saludos
サルドス

やあ！
¡Hola!
オラ

おはようございます
Buenos días
ブエノス ディアス

こんにちは
Buenas tardes
ブエナス タルデス

こんばんは
Buenas noches
ブエナス ノチェス

お元気ですか？
¿Cómo estás?/¿Qué tal?
コモ エスタス　ケ タル

元気です
Bien
ビエン

とても元気です
Muy bien
ムイ ビエン

まあまあです
Así así
アシー アシ

ありがとう
Gracias
グラシアス

あなたは？
¿Y tú, cómo estás?
イ トゥー コモ エスタス

どういたしまして
De nada.
デ ナダ

楽しんでください
Que disfrutes.
ケ ディスフルテス

よい旅を
¡Buen viaje!
ブエン ビアヘ

あなたもね
¡Y tú también!
イ トゥー タンビエン

よい休暇を
¡Que tengas unas buenas vacaciones!
ケ テンガス　ウナス　ブエナス　バカシオネス

※スペイン式あいさつ……
知り合いでも初対面でも、男性同士は握手、女性同士や女性と男性ならベシートという軽いキス。右、左の順で頬をつけてチュッチュッと音を立てる。

| はい
Sí
シ | いいえ
No
ノ  |

| ごめんなさい
Lo siento.
ロシエント  | 失礼
Perdón.
ペルドン  |

| ちょっとまって
Un segundo
ウン セグンド  | どうぞ
Adelante
アデランテ | もちろん
Por supuesto
ポル スプエスト |

| わかりました
De acuerdo
デアクエルド | すみませんが時間がありません
Lo siento pero no tengo tiempo.
ロ シエント ペロ ノ テンゴ ティエンポ |

| いいえ、結構です
No, gracias
ノ グラシアス | はい、お願いします
Sí, por favor
シ ポルファボール |

お誕生日おめでとう
¡Felicidades!
フェリシダデス

ありがとう
Gracias.
グラシアス

| さようなら
Adiós.
アディオス | またあとで / じゃあ
¡Hasta luego!
アスタ ルエゴ |

あいさつ

あいさつ 観光 数字 買い物 食事 時間 文化 トラブル その他

呼びかけ cómo dirigirse
コモ ディリヒルセ

| すみません
Lo siento
ロシエント  | お願いします
Por favor.
ポルファボール  |

スペイン語で何と言いますか?
¿Cómo se dice en español?
コモ セ ディセ エン エスパニョル

| 日本語で
en japonés
エン ハポネス | 英語で
en inglés
エン イングレス  |

もう一度言ってください
¿Me lo puede repetir, por favor?
メロ プエデ レペティル ポルファボール

もう少しゆっくりお願いします
Un poco más despacio, por favor.
ウン ポコ マス デスパシオ ポルファボール

それはどういう意味ですか?
¿Qué significa eso?
ケ シニフィカ エソ

どう発音しますか?
¿Cómo se pronuncia?
コモ セ プロヌンシア

| はい
Sí
シ | いいえ
No
ノ | わかりません
no entiendo
ノ エンティエンド |

※何かお願いするときは、最後に「ポル ファボール」をつける。

写真を一枚撮ってもいいですか？
¿Puedo sacar una foto?
プエド サカル ウナ フォト

何枚か撮ってもいいですか？
¿Unas cuantas fotos?
ウナス クアンタス フォトス

あなたと
Contigo
コンティゴ

禁止です
Está prohibido
エスター プロイビド

フラッシュ禁止です
Sin flash.
シン フラス

写真を撮ってもいいですか？
¿Puedo sacar fotos?
プエド サカル フォトス

承知しました
De acuerdo
デ アクエルト

もちろん
Por supuesto
ポル スプエスト

それはよかった
¡Qué bien!
ケ ビエン

素晴らしい
Estupendo
エストゥペンド

素敵
¡Qué maravilla!
ケ マラビジャ

きれい (女性)(男性)
Preciosa /
Precioso
プレシオサ/プレシオソ

信じられない
No me lo puedo creer
ノ メ ロ プエド クレエール

残念
Qué mal
ケ マル

呼びかけ

あいさつ
観光
数字
買い物
食事
時間
文化
トラブル
その他

25

自己紹介 cómo presentarse
コモ プレセンタルセ

私の名前は〜です
Mi nombre es~
ミ ノンブレ エス

苗字
apellido
アペジド

あなたの名前は何ですか？
¿Cómo te llamas?
コモ テ ジャマス

ファーストネーム
nombre
ノンブレ

お仕事は何ですか？
¿Cuál es tu trabajo?
クアル エス トゥ トラバホ

私の仕事は〜です
Mi trabajo es ~
ミ トラバホ エス

学生 estudiante エストゥディアンテ	教師 profesor プロフェソール	公務員 funcionario フンシオナリオ
会社員 empleado エンプレアド	店員 dependiente デペンディエンテ	医者 doctor ドクトル
歯医者 dentista デンティスタ	弁護士 abogado アボガド	秘書 secretario セクレタリオ	建築士 arquitecto アルキテクト
農夫 campesino カンペシノ	主婦 ama de casa アマ デ カサ	アーティスト artista アルティスタ
定年退職者 jubilado フビラド	無職 desempleado デスエンプレアド	客室乗務員 azafata アサファタ

あいさつ
cómo presentarse

どこから来ましたか？ ¿De dónde eres? デ ドンデ エレス	スペイン／スペイン人 España / española (español) エスパニャ ／ エスパニョラ（エスパニョル）
～から来ました Soy de ~. ソイ デ	日本／日本人*1 Japón / japonés (japonesa) ハポン ／ ハポネス（ハポネサ）

何歳ですか？ ¿Cuántos años tienes? クアントス アニョス ティエネス	フランス／フランス人 Francia / francés(francesa) フランシア ／ フランセス（フランセサ）
私は～歳です Yo tengo ~ años ジョ テンゴ アニョス	イタリア／イタリア人 Italia / italiano(italiana) イタリア ／ イタリアノ（イタリアナ）
結婚しています （女性の場合） Estoy casado(casada). エストイ カサド（カサダ）	ドイツ／ドイツ人 Alemania / alemán(alemana) アレマニア ／ アレマン（アレマナ）
結婚していません （女性の場合） No estoy casado(casada). ノ エストイ カサド（カサダ）	イギリス／イギリス人 Reinos Unidos / inglés(inglesa) レイノス ウニドス ／ イングレス（イングレサ）
彼（彼女）が～人です Mi novio(novia) es ~. ミ ノビオ（ノビア） エス	アメリカ／アメリカ人 América / americano(americana) アメリカ ／ アメリカノ（アメリカナ）
	オランダ／オランダ人 Países Bajos / holandés(holandesa) パイセス バホス ／ オランデス（オランデサ）

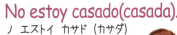

自己紹介

あいさつ / 観光 / 数字 / 買い物 / 食事 / 時間 / 文化 / トラブル / その他

*1 「私は日本人です」と言うとき、自分が女性の場合は「ソイ ハポネサ」、男性なら「ソイ ハポネス」。

観光(バルセロナ) Barcelona
バルセロナ

| ～へ行きたい
¿Quisiera ir a ~?
キシエラ イル ア | ここはどこですか？
¿Dónde estoy?
ドンデ エストイ |

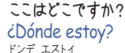

サグラダ・ファミリア Sagrada Família サグラダ ファミリア	カサ・バトリョ Casa Batllo カザ バッジョー	グエル公園 Parc Guell パルク グエル
カサ・ミラ Casa Mila(La Pedrera) カザ ミラ （ラ ペドレラ）	バルセロナ現代美術館 Museu d'Art Contemporani de Barcelona ムゼウ デアルツ コンテンポラニ デ バルセロナ		
サン・ジョセップ市場 Mercat Sant Josep メルカ サン ジョセップ	ピカソ美術館 Museu Picasso ムゼウ ピカソ	レイアール広場 Placa Reial プラサ レイアル
ゴシック地区 Barrio Gotico バルリオ ゴティコ	モンジュイックの丘 Montjuic モンジュイッ	カテドラル Catedral de Barcelona カテドラル デ バルセロナ
カタルーニャ音楽堂 Palau de la Musica Catalana パラウ デラ ムジカ カタラナ	カタルーニャ美術館 Museu Nacional d'Art de Catalunya（MNAC） ムゼウ ナシオナル デアルツ デ カタルニア	

| ～へはどうやって行けばいいですか？
¿Cómo puedo ir a ~?
コモ プエド イル ア | ～は今日開いていますか？
¿Está abierto hoy ~?
エスター アビエルト オイ |

何時から開きますか？ ¿A qué hora abren? ア ケ オラ アブレン	何時に閉まりますか？ ¿A qué hora cierran? ア ケ オラ シエルラン
入場料はいくらですか ¿Cuánto cuesta la entrada? クアント クエスタ ラ エントラダ	学生証 tarjeta de estudiante タルヘタ デ エストゥディアンテ
学割はありますか？ ¿Hay descuento para estudiantes? アイ デスクエント パラ エストゥディアンテス 	

 時間 P64

※バルセロナ地方の人たちはカタラン語を話す。カタラン語で挨拶すると、地元の人とのコミュニケーションがスムーズに。

街の地図をください
Quiero un mapa de la ciudad
キエロ ウン マパ デ ラ シウダッ

美術館・博物館 **museo** ムセオ	教会 **iglesia** イグレシア	礼拝堂 **capilla** カピージャ	大聖堂 **catedral** カテドラル
スタジアム **estadio** エスタディオ	闘牛場 **plaza de toros** プラサ デ トロス →P.70	修道院 **monasterio** モナステリオ	
海 **mar(playa)** マル (プラジャ)	港 **puerto** プエルト	駅 **estación** エスタシオン	広場 **plaza** プラサ
バスターミナル **terminal de autobuses** テルミナル デ アウトブセス	バス停 **parada de autobús** パラダ デ アウトブス	道 **camino** カミノ	公園 **parque** パルケ

世界遺産
patrimonio de la humanidad
パトリモニオ デ ラ ウマニダッ

近い **cerca** セルカ	遠い **lejos** レホス

観光(バルセロナ)

カタラン語で

おはよう **Bon dia** ボン ディア	こんにちは **Bona tarda** ボナ タルダ	こんばんは／おやすみ **Bona nit** ボナ ニッ
ようこそ **Benvingut** ベンビングッ	すみません **Permeti'm** パルマティム	お願いします **Sisplau** スィスプラウ
(どうも)ありがとう **(Moltes)gràcies** モルタス グラースィアス		ありがとう **Gracies** グラスィエス
どういたしまして **No s'ho val** ノ ス バル	さようなら **Adéu** アデウ	はい／いいえ **Sí/ No** スィ／ノ

バルセロナMAP　mapa de Barcelona
マパ デ バルセロナ

※現在バルセロナでは闘牛は行われていない。アレナス闘牛場は外観を残し一大ショッピングセンターとしてリニューアル。モヌメンタル闘牛場も現在は休業していない。

観光（マドリード） Madrid
マドリッ

| ～はどこですか
¿Dónde está～?
ドンデ エスター | ～を探しています
¿Estoy buscando～?
エストイ ブスカンド |

| ここに行きたいです（地図を見せながら）
¡Quiero ir aquí!
キエロ イル アキー | ～までお願いします
Hasta～, por favor
アスタ～ ポルファボール |

最寄りの駅はどこですか?
¿Dónde está la estación?
ドンデ エスター ラ エスタシオン

タクシーはどこでつかまりますか?
¿Dónde se puede tomar un taxi?
ドンデ セ プエデ トマル ウン タクシ

タクシー P⑯

乗り換えが必要ですか? →電車・バス P⑭
¿Hay que cambiar de línea?
アイ ケ カンビアル デ リネア

どのくらいの時間がかかりますか?
¿Cuánto se tarda?
クアント セ タルダ

時間 P⑭

| スペイン広場
Plaza de España
プラサ デ エスパニャ | マヨール広場
Plaza Mayor
プラサ マジョル | アルカラ門
Puerta de Alcalá
プエルタ デ アルカラ |

| プラド美術館
Museo Nacional del Prado
ムセオ ナシオナル デル プラド | ブエルタ・デル・ソル
Puerta del Sol
プエルタ デル ソル |

| ソフィア王妃芸術センター
Museo Nacional Centro de Arte Reina Sofía
ムセオ ナシオナル セントロ デ アルテ レイナ ソフィア | セラーノ通り
Calle de Serrano
カジェ デ セルラノ |

| 王宮
Palacio Real
パラシオ レアル | デスカルサス・レアレス修道院
Monasterio de las Descalzas Reales
モナステリオ デ ラス デスカルサス レアレス |

| アルムデナ大聖堂
Catedral de la Almudena
カテドラル デ ラ アルムデナ | サン・フランシスコ・エル・グランデ教会
Basilica de San Francisco el Grande
バシリカ デ サン フランシスコ エル グランデ |

| サン・イシドロ教会
San Isidro
サン イシドロ | レティーロ公園
Parque del Retiro
パルケ デル レティロ |

32　※マドリードでは2階建ての市内観光バスがある。1日券、2日券などがあり、各バス停で何回でも乗り降り自由。運転間隔は8〜15分。日本語のオーディオガイドがある。

～へのツアーはありますか？
¿Hay algún viaje organizado a~?
アイ アルグン ビアヘ オルガニサド ア

トレド Toledo トレド	旧市街 barrio antiguo バリオ アンティグオ	アビラ・セゴビア Avila・Segovia アビラ・セゴビア
巡礼の道 Los Caminos ロス カミノス	トレド大聖堂 Catedral de Toledo カテドラル デ トレド	ローマ水道橋 acueducto アクエドゥクト
ミサ misa ミサ	祈り oración オラシオン	カトリック教徒 católica カトリカ
神父 padre パドレ	ローマ法王 El Papa エル パパ	修道女／シスター monja モンハ	修道士／ブラザー monje モンヘ
聖母マリア Virgen María ビルヘン マリア		（幼子）イエス Cristo クリスト	

観光（マドリード）

ラストロ（日曜日のフリーマーケット）

まけてください
Un descuento, por favor
ウン デスクエント ポルファボール

そんなに払えない
No puedo pagar tanto
ノ プエド パガル タント

超高い！
¡Qué caro!
ケ カロ

～ユーロでどう？
¿Qué te parece con ~euros?
ケ テ パレセ コン　エウロス

33

マドリードMAP　Mapa de Madrid
マパ デ マドリッ

移動
あいさつ
観光

Mapa de Madrid

デボッド神殿
Tenplo de Devod
テンプロ　デ　デボッ

オエステ公園
Parque del Oeste
パルケ　デル　オエステ

スペイン広場
Plaza de España
プラサ　デ　エスパニャ

デスカルサス・レアレス修道院
Monasterio de las
Descalzas Reales
モナステリオ　デ　ラス
デスカルサス　レアレス

サン・フェルナンド・
アカデミー美術館
Real Academia de Bellas
Artes de San Fernando
レアル アカデミア デ ベジャス
アルテス デ サン フェルナンド

王宮
Palacio Real
パラシオ　レアル

アルムデナ大聖堂
Catedral de la Almudena
カテドラル　デ　ラ　アルムデナ

プエルタ・デル・ソル
Puerta del Sol
プエルタ　デル　ソル

マヨール広場
Plaza Mayor
プラサ　マジョル

サン・イシドロ教会
San Isidro
サン　イシドロ

ラストロ (日曜開催のフリマ)
Rastro
ラストロ

サン・フランシスコ・エル・
グランデ教会
Basilica de San Francisco el
Grande
バシリカ　デ　サン
フランシスコ　エル　グランデ

34

Madrid

国立考古学博物館
Museo Arqueológico Nacional
ムセオ　アルケオロヒコ　ナシオナル

セラーノ通り
Calle de Serrano
カジェ　デ　セルラノ

アルカラ門
Puerta de Alcalá
プエルタ　デ　アルカラ

シベレス広場
Pl. de la Cibeles
プラサ　デ　ラ　シベレス

レティーロ公園
Parque del Retiro
パルケ　デル　レティロ

プラド美術館
Museo Nacional del Prado
ムセオ　ナシオナル　デル　プラド

ソフィア王妃芸術センター
Museo Nacional Centro de Arte Reina Sofía
ムセオ　ナシオナル　セントロ　デ　アルテ　レイナ　ソフィア

アトーチャ駅
Estación de Atocha
エスタシオン　デ　アトチャ

~はどこですか
¿Dónde está~?
ドンデ　エスター

~を探しています
¿Busco~?
ブスコ

どのくらいの時間が
かかりますか？
¿Cuánto se tarda?
クアント　セ　タルダ

マドリードMAP

観光／数字／買い物／食事／時間／文化／トラブル／その他

35

観光（アンダルシア） Andalucía
アンダルシア

～へ行きたい Quisiéra ir a ~ キシエラ イル ア	～で行けますか？ ¿Se puede ir ~? セ プエデ イル
高速バス con bus de alta velocidad コン ブス デ アルタ ベロシダッ	AVE con AVE コン アベ

交通費はどのくらいかかりますか？ →数字 P.40
¿Cuánto cuesta?
クアント クエスタ

コルドバ Córdoba コルドバ	モスク Mezquita メスキタ	円柱の森 Medina Azahara メディナ アサハラ	ポトロ広場 Plaza del Potro プラサ デル ポトロ
ユダヤ人街 Judería フデリア	花の小道 Calle de las flores カジェ デ ラス フロレス		パティオ祭り Festival de Patios Cordobeses フェスティバル デ パティオス コルドベセス

セビリア Sevilla セビジャ	ヒラルダの塔 Giralda ヒラルダ	スペイン広場 Plaza de España プラサ デ エスパニャ	カテドラル Catedral カテドラル
アルカサル Alcázar アルカサル	サンタ・クルス街 Barrio de Santa Cruz バルリオ デ サンタ クルス	サンタ・フスタ駅 estación de Santa Justa エスタシオン デ サンタ フスタ	春祭り feria フェリア ↳お祭り P.72

ドニャーナ国立公園 Parque Nacional de Doñana パルケ ナシオナル デ ドニャナ	コスタ・デル・ソル（太陽の海岸） Costa del Sol コスタ デル ソル
白い村 Pueblos Blancos プエブロス ブランコス	ミハス Mijas ミハス	シエラ・ネバダ山脈 Sierra Nevada シエラ ネバダ

| カルモナ
Carmona
カルモナ  | 旧市街
barrio antiguo
バルリオ アンティグオ |

ヘレス・デ・ラ・フロンテーラ Jerez de la Frontera ヘレス デ ラ フロンテラ	ワイナリー bodega ボデガ	シェリー酒 jerez ヘレス
カディス Cádiz カディス	コロンブス Colón コロン	港 puerto プエルト	フェリー ferry フェリ
アルヘシラス Algeciras アルヘシラス	ジブラルタル海峡 Gibraltar ヒブラルタル	モロッコ Marruecos マルエコス

観光(アンダルシア)

グラナダ Granada グラナダ	アルハンブラ宮殿 La Alhambra ラ アランブラ
カテドラル Catedral カテドラル	アルバイシン地区 El Albayzín エル アルバイシン	サクロモンテの丘 Sacromonte サクロモンテ
グアディクス Guadix グアディクス	洞窟住居 Venta de Molinillo ベンタ デ モリニージョ	

| マラガ
Málaga
マラガ | ピカソ
Picasso
ピカソ | ロンダ
Ronda
ロンダ |
| トレモリーノス
Torremolinos
トレモリノス | フエンヒローラ
Fuengirola
フエンヒロラ | リゾート
complejo turístico
コンプレホ トゥリスティコ | ビーチ
playa
プラジャ |

| フラメンコ →P.76
flamenco
フラメンコ | 闘牛 →P.70
corrida de toros
コリダ デ トロス |
| オリーブ
oliva
オリバ | ひまわり
girasol
ヒラソル |

※アンダルシア地方は暑く乾燥した地中海性気候でオリーブやぶどうの一大産地でもある。

アンダルシアMAP mapa de Andalucía
マパ デ アンダルシア

～が素敵！	～が大好き！
¡Qué precioso!	Me gusta mucho ~
ケ プレシオソ	メ グスタ ムチョ

アンダルシアMAP

観光 / 数字 / 買い物 / 食事 / 時間 / 文化 / トラブル / その他

コルドバ
Córdoba
コルドバ

グアダルキビル川
Guadalquivir
グアダルキビル

リナレス
Linares
リナレス

バエサ
Baeza
バエサ

ハエン
Jaén
ハエン

グラナダ
Granada
グラナダ

シエラ・ネバダ山脈
Sierra Nevada
シエラ ネバダ

アルメリア
Almería
アルメリア

ミハス
Mijas
ミハス

マラガ
Málaga
マラガ

コスタ・デル・ソル
Costa del Sol
コスタ デル ソル

フエンヒローラ
Fuengirola
フエンヒロラ

マルベージャ
Marbella
マルベージャ

建物	街並み	景色	海（ビーチ）	気候
los edificios	el paisaje	la vista	el mar (la playa)	la clima
ロス エディフィシオス	エル パイサヘ	ラ ビスタ	エル マル （ラ プラジャ）	ラ クリマ

39

数字 números
ヌメロス

0	1	2	3	4
cero	uno	dos	tres	cuatro
セロ	ウノ	ドス	トゥレス	クアトロ
5	6	7	8	9
cinco	seis	siete	ocho	nueve
シンコ	セイス	シエテ	オチョ	ヌエベ
10	11	12	13	14
diez	once	doce	trece	catorce
ディエス	オンセ	ドセ	トゥレセ	カトルセ
15	16	17	18	19
quince	dieciséis	diecisiete	dieciocho	diecinueve
キンセ	ディエシセイス	ディエシシエテ	ディエシオチョ	ディエシヌエベ
20	30	40	50	60
veinte	treinta	cuarenta	cincuenta	sesenta
ベインテ	トゥレインタ	クアレンタ	シンクエンタ	セセンタ
70	80	90		
setenta	ochenta	noventa		
セテンタ	オチェンタ	ノベンタ		

100	200	300	400	500
cien	doscientos	trescientos	cuatrocientos	quinientos
シエン	ドスシエントス	トゥレスシエントス	クアトロシエントス	キニエントス

※20(ベインテ)以降は、21(ベンティウノ)、22(ベンティドス) 〜。30(トレインタ)以降は31(トレンタイウノ)、32(トレンタイドス) 〜と十の位と一の位をy(イ)でつなげる。

40

| 1,000
mil
ミル | 10,000
diez mil
ディエス ミル | 100,000
cien mil
シエン ミル | 1,000,000
un millón
ウン ミジョン |

| 10,000,000
diez millones
ディエス ミジョネス | 100,000,000
cien millones
シエン ミジョネス | 1,000,000,000
un billón
ウン ビジョン |

これはいくらですか？
¿Cuánto cuesta esto?
クアント クエスタ エスト

値段
precio
プレシオ

ユーロ
Euros
エウロス

日本円
Yenes
ジェネス

ドル
Dolares
ドラレス

一番目
primero
プリメロ

二番目
segundo
セグンド

三番目
tercero
テルセロ

消費税
impuesto
インプエスト

％
por ciento
ポルシエント

両替
cambio de divisas
カンビオ デ ディヴィサス

お釣り
cambio
カンビオ

何回？
¿Cuántas veces?
クアンタス ベセス

何人？
¿Cuántas personas?
クアンタス ペルソナス

数字

買い物 食事 時間 文化 トラブル その他

41

買い物をする Voy de compras
ボイ デ コンプラス

こんにちは！
¡Hola!
オラ

何かお探しですか？
¿Qué quería?
ケ ケリア

見ているだけです
Sólo estoy mirando
ソロ エストイ ミランド

～を探しています
Estoy buscando ～
エストイ ブスカンド

いくらですか？
¿Cuánto es?
クアント エス

～はありますか？
¿Hay ～?
アイ

これにします
Me lo quedo.
メ ロ ケド

営業中
abierto
アビエルト

準備中
en preparación
エン プレパラシオン

それを見せてください
¿Me puede enseñar eso?
メ プエデ エンセニャール エソ

閉店
cerrado
セルラド

試着してもいいですか？
¿Puedo probármelo?
プエド プロバルメロ

バーゲン
rebaja
レバハ

特売
oferta
オフェルタ

移動
あいさつ
観光
数字
買い物

Voy de compras

42

お店　tiendas　ティエンダス

花屋 florista フロリスタ 	市場 →P50 mercado メルカド 	靴屋 zapatería サパテリア 
デパート almacenes アルマセネス	スーパー supermercado スペルメルカド 	薬局（ドラッグストア） farmacia ファルマシア
宝石店 joyería ホジェリア	化粧品店 perfumería ペルフメリア 	本屋 librería リブレリア
文房具屋 papelería パペレリア	キオスク →P52 kiosco キオスコ 	宝くじ売り場 lotería ロテリア
パン屋 panadería パナデリア	ケーキ屋 pastelería パステレリア	

欲しいものを探す P48

買い物をする

買い物／食事／時間／文化／トラブル／その他

レジはどこですか？
¿Dónde está la caja?
ドンデ　エスター　ラ　カハ

現金で
en efectivo
エン　エフェクティボ

クレジットカード
con tarjeta de crédito
コン　タルヘタ　デ　クレディト

43

ファッション moda
モダ

～を探しているのですが Busco~. ブスコ	（ウインドウにある） あの～を見せてください Qisiera ver ese ~(en el escaparate). キシエラ ベル エセ（エン エル エスカパラテ）

服 ropa ロパ	上着 chaqueta チャケタ	セーター jersei ヘルセイ	トレーナー Suéter スエテル
ジャケット americana アメリカナ	シャツ camisa カミサ	Tシャツ camiseta カミセタ	
半そで manga corta マンガ コルタ	長そで manga larga マンガ ラルゴ	コート abrigo アブリゴ	ジャンパー cazadora カサドラ
ジーンズ vaqueros バケロス	ズボン pantalones パンタロネス	スカート falda ファルダ	ブラウス blusa ブルサ
	ワンピース vestido ベスティド	ベビー服 ropa de bebé ロパ デ ベベー	子ども服 ropa de niños ロパ デ ニーニョス

下着 ropa interior ロパ インテリオル	靴下 calcetines カルセティネス	ストッキング medias メディアス	水着 bañador バニャドル
帽子 sombrero ソンブレロ	キャップ gorra ゴルラ	エプロン delantal デランタル	

※スペインでは、日曜日・祝日にレストラン、バル、お土産屋以外は、お店が閉まっているケースがほとんど。ショッピングは休日を頭に入れて計画を立てるのがおすすめ。

服飾雑貨　accesorios　アクセソリオス

ネクタイ corbata コルバタ	手袋 guantes グアンテス
マフラー bufanda ブファンダ	ベルト cinturón シントゥロン

靴屋　zapatería　サパテリア

靴 zapatos サパトス	ブーツ botas ボタス
サンダル sandalia サンダリア	スニーカー zapatillas deportivas サパティージャス デポルティバス

洋服のサイズ　talla de ropa　タジャ デ ロパ

レディース mujer ムヘール	7	9	11	13	15		
	36	38	40	42	44		
メンズ hombre オンブレ	36	37	38	39	40	41	42
	36	37	38	39	40	41	42

1サイズ大きい（小さい）ものはありますか？
¿Hay una talla mas grande(pequeño)?
アイ ウナ タジャ マス グランデ（ペケニョ）

靴のサイズ　talla de zapatos　タジャ デ サパトス

レディース mujer ムヘール	22	22.5	23	23.5	24	24.5	25	25.5
	34	35	36	37	38	39	40	41
メンズ hombre オンブレ	24	24.5	25	25.5	26	26.5	27	27.5
	37	38	39	40	41	42	43	44

ファッション

買い物／食事／時間／文化／トラブル／その他

45

服や靴を買う comprar ropa y zapatos
コンプラル ロパ イ サパトス

試着してもいいですか？
¿Puedo probármelo?
プエド プロバルメロ

試着室はどこですか？
¿Dónde está el probador?
ドンデ エスター エル プロバドル

他のサイズはありますか？
¿Hay de otra talla?
アイ デ オトラ タジャ

他の色はありますか？
¿Hay de otro color?
アイ デ オトロ コロル

裾丈は詰められますか？
¿Se puede coger el dobladillo?
セ プエデ コヘル エル ドブラディージョ

もっと〜なものをお願いします
Quiero algo más~
キエロ アルゴ マス

シンプル simple シンプレ	派手 llamativo ジャマティボ
カジュアル casual カスアル	フォーマル formal フォルマル

大き目
grande
グランデ

長い
largo
ラルゴ

きつい
justo
フスト

小さ目
pequeño
ペケニョ

短い
corto
コルト

ゆるい
flojo
フロホ

女性用
mujer
ムヘール

男性用
hombre
オンブレ

男女兼用
unisexo
ウニセクソ

※いろいろなものをまとめて買うのに便利なのがデパート。スペインでは「エル・コルテ・イングレス」というデパートが有名。ファッション、日用品、食品など何でもあり、品揃えも豊富。お土産選びにも便利。

色 color
コロール

赤 rojo
ロホ

黄 amarillo
アマリージョ

オレンジ naranja
ナランハ

紫 púrpura
プルプラ

青 azul
アスール

緑 verde
ベルデ

茶 marrón
マルロン

ピンク rosa
ロサ

白 blanco
ブランコ

灰 gris
グリス

黒 negro
ネグロ

紺 azul marino
アスール マリノ

ベージュ beige
ベイス

(色が)濃い oscuro
オスクロ

(色が)薄い suave
スアベ

素材 material
マテリアル

服や靴を買う

綿 algodón アルゴドン	ウール lana ラナ	絹 seda セダ	麻 lino リノ	革 cuero/piel クエロ／ピエル
人工皮革 cuero artificial クエロ アルティフィシアル	ポリエステル poliéster ポリエステル	ナイロン nylon ナイロン	化学繊維 fibra sintética フィブラ シンテティカ	スエード gamuza ガムサ

| 無地 Color liso / Color plano コロル リソ／コロル プラノ | 縞模様 (縦縞・横縞) rayado (rayas verticales/rayas horizontales) ラジャド (ラジャス ベルティカレス・ラジャス オリソンタレス) | 水玉 lunares ルナレス | チェック tartán タルタン | 花模様 diseño floral ディセニョ フロラル |

買い物　食事　時間　文化　トラブル　その他

欲しいものを探す buscar lo que quiera
ブスカル ロ ケ キエラ

いくらですか? ¿Cuánto cuesta? クアント クエスタ	有料ですか? ¿Cobran? コブラン	無料ですか? ¿Es gratis? エス グラティス
	(まとめて買うので)安くなりませんか? ¿Puede rebajar al comprar en conjunto? プエデ レバハル アル コンプラル エン コンフント	~を探しています Estoy buscando~ エストイ ブスカンド

食品 comida コミダ	チョコレート chocolate チョコラテ	スイーツ dulce ドゥルセ	オリーブオイル aceite de oliva アセイテ デ オリバ 
ワイン vino ビノ	イビサの塩 sal de Ibiza サル デ イビサ	サフラン azafrán アサフラン	トゥロン (お菓子) turrón トゥロン	コラ・カオ (ココア) cola cao コラ カオ
ピパ (ひまわりの種) pipas ピパス	キコ (ジャイアントコーン) quicos キコス	ティラ茶 (リンデン) tila ティラ	カモミール茶 manzanilla マンサニージャ

スーパー supermercado スペルメルカド	市場 mercado メルカド → P.50	デパート Grandes almacenes グランデス アルマセネス
エル・コルテ・イングレス (スペインを代表するデパート) El Corte Inglés エル コルテ イングレス	キオスク kiosco キオスコ → P.52	免税店 tienda libre de impuestos ティエンダ リブレ デ インプエストス

48 ※免税 タックス・フリーのお店で1店舗につき90.16ユーロ以上買い物をしたときは、免税書類を発行してもらおう。EUの最終出発地となる空港の税関で免税書類、レシート、購入品、航空券、パスポートを提示すると、税金の還付を受けられる。

移動 / あいさつ / 観光 / 数字 / 買い物

buscar lo que quiera

お土産 regalo (recuerdo) レガロ（レクエルド）	リヤドロ lladró ジャドロ	陶器 cerámica セラミカ	伝統工芸品 artesanía アルテサニア 
ここの名産品 especialidades エスペシアリダデス	せんす abanico アバニコ	マグネット imán para la nevera イマン パラ ラ ネベラ	おもちゃ juguete フゲテ 
宝石 joya ホジャ	ジュエリー joyas ホジャス	ネックレス collar コジャール	ブレスレット pulsera プルセラ 
指輪 anillo アニージョ	ペンダント colgante コルガンテ	イヤリング pendiente ペンディエンテ	ブローチ broche ブロチェ
服飾雑貨 accesorios アクセソリオス	ハンドバッグ bolso ボルソ		ショルダーバッグ bolso bandolera ボルソ バンドレラ
財布 cartera カルテラ	小銭入れ monedero モネデロ		傘 paraguas パラグアス
口紅 pintalabios ピンタラビオス	ファンデーション fundación フンダシオン	美容液 suero スエロ	香水 perfume ペルフメ

欲しいものを探す

市場で mercado
メルカド

誰が最後ですか？ *1 ¿Quién es el último? キエン エス エル ウルティモ	私です Yo ジョ	何にしますか ¿Qué quiere? ケ キエレ
〜を200グラム (1キロ)下さい ¿Me da 200gramos (un kilo)de~? メ ダー ドスシエントス グラモス（ウン キロ）デ	〜を5個下さい ¿Me da 5 ~? メ ダー シンコ	ほかには ¿Algo más? アルゴ マス
それでおわりです nada más ナダ マス	小さい袋を下さい ¿Me da una bolsa pequeña? メ ダー ウナ ボルサ ペケニャ	味見することはできますか？ ¿Puedo probar? プエド プロバル

青空市 mercado al aire libre メルカド アル アイレ リブレ	この辺りで青空市は開かれますか？ ¿Hay algún mercado al aire libre por aquí? アイ アルグン メルカド アル アイレ リブレ ポラキ

果物屋 frutería フルテリア	八百屋 verdulería ベルドゥレリア	魚屋 pescadería ペスカデリア
	パン屋 panadería パナデリア	花屋 florista フロリスタ

*1 先客のいる店では、こう聞いて「最後」と答えた人の後ろにつくのがマナー。
※大都市を除き、スペインのスーパーや小売店は14時から17時ぐらいまではお昼休み（シエスタ）で閉まっているケースがほとんど。買い物は余裕を持って。この時間に開いている美術館や博物館などを訪ねるのもおすすめ。

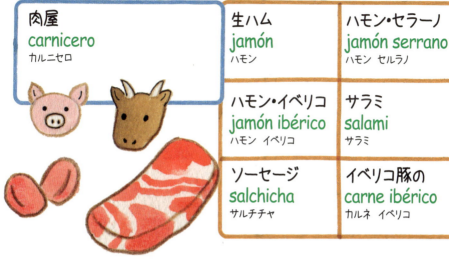

肉屋 carnicero カルニセロ	生ハム jamón ハモン	ハモン・セラーノ jamón serrano ハモン セルラノ
	ハモン・イベリコ jamón ibérico ハモン イベリコ	サラミ salami サラミ
	ソーセージ salchicha サルチチャ	イベリコ豚の carne ibérico カルネ イベリコ

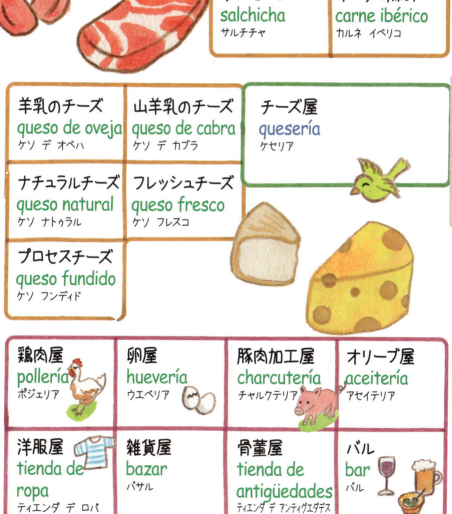

市場で

羊乳のチーズ queso de oveja ケソ デ オベハ	山羊乳のチーズ queso de cabra ケソ デ カブラ	チーズ屋 quesería ケセリア
ナチュラルチーズ queso natural ケソ ナトゥラル	フレッシュチーズ queso fresco ケソ フレスコ	
プロセスチーズ queso fundido ケソ フンディド		

鶏肉屋 pollería ポジェリア	卵屋 huevería ウエベリア	豚肉加工屋 charcutería チャルクテリア	オリーブ屋 aceitería アセイテリア
洋服屋 tienda de ropa ティエンダ デ ロパ	雑貨屋 bazar バサル	骨董屋 tienda de antigüedades ティエンダ デ アンティグエダデス	バル bar バル

キオスクで en el kiosco
エン エル キオスコ

キオスク kiosco キオスコ 	タバコ屋 estanco エスタンコ 

(これ)を下さい Dame esto ダメ エスト	英語(日本語)の新聞はありますか? ¿Tiene periódicos ingleses (japoneses)? ティエネ ペリオディコス イングレセス (ハポネセス)

新聞 periódico ペリオディコ	マルカ (サッカー新聞) marca マルカ	雑誌 revista レビスタ	タウン誌 guía de la ciudad ギア デラ シウダッ 
ファッション誌 revista de moda レビスタ デ モダ	おまけ gratis グラティス	DVD DVD デウベ デ	CD CD セー デー
テレフォンカード tarjeta de teléfono タルヘタ デ テレフォノ	ミネラル ウォーター agua mineral アグア ミネラル	ガスなし sin gas シン ガス ガス入り con gas コン ガス	もっと大きい más grande マス グランデ もっと小さい más pequeño マス ペケニョ
焼き栗 castaña カスタニャ	焼きイモ boniato ボニアト	ヒマワリの種 pipas ピパス	ボトル入りの水(冷たい)(常温) botella de agua (fría) (del día) ボテジャ デ アグア (フリア) (デル ディア)
ガム chicle チクレ	チョコレート chocolate チョコラテ	キャンディー caramelo カラメロ	コカコーラ cocacola コカコラ
タバコ tabaco タバコ	ライター mechero メチェロ	絵ハガキ postales ポスタレス 	切手 sello セジョ

(52) ※キオスクでは1枚単位で絵ハガキが売っているので、旅先からメッセージを送るのも楽しい。ただし切手はキオスクには売っていないので注意。切手は郵便局のほか、エスタンコと呼ばれるタバコ屋で扱っていることが多い。

文房具 artículos アルティクロス	筆記用具 utensilios de escritura ウテンシリオス デ エスクリトゥラ	鉛筆 lápiz ラピス	ボールペン bolígrafo ボリグラフォ

チュッパチャプス　Chupa Chus　チュパチュス

しゃぶる chupar チュパル 	何味ですか？ ¿Qué sabor? ケ サボール

ロングセラー original オリヒナル		
リンゴ manzana マンサナ	オレンジ naranja ナランハ	チェリー cereza セレサ
ストロベリー fresa フレサ	スイカ sandía サンディア	ライムレモン lima limón リマリモン
コーラ cola コラ	ストロベリークリーム fresa y nata フレサ イ ナタ	バニラ vainilla バイニジャ
マンゴー・パイナップル・キウイ mango piña kiwi マンゴ ピニャ キウィ	新発売 nuevo ヌエボ	砂糖不使用 sin azúcar シン アスカル
	グミ gominolas ゴミノラス	風船ガム入り relleno de chicle レジェノ デ チクレ

キオスクで

食事をする comer
コメール

レストランに行こう！
¡Vamos a un restaurante!
バモス ア ウン レスタウランテ

〜のおいしいレストランはありますか？
¿Hay algún restaurante bueno de~?
アイ アルグン レスタウランテ ブエノ デ

イタリア料理	中華料理	日本料理
cocina italiana	cocina china	cocina japonesa
コシナ イタリアナ	コシナ チナ	コシナ ハポネサ

この地方の伝統料理は何ですか？
¿Cuál es la cocina tradicional de la zona?
クアル エス ラ コシナ トラディシオナル デ ラ ソナ

魚料理	肉料理	ベジタリアン
marisco	carne	vegetariana
マリスコ	カルネ	ベヘタリアナ

このレストランはどこにありますか？
¿Dónde está este restaurante?
ドンデ エスター エステ レスタウランテ

明日(今晩)予約をしたいのですが
Quiero reservar una mesa para mañana(esta noche)
キエロ レセルバル ウナ メサ パラ
マニャナ (エスタ ノチェ)

〜時に →時間 P.64
a las~
ア ラス

〜人
~personas
ペルソナス

※スペインには、レストランと酒場と喫茶を兼ねたようなお店「バル」がある。朝はコーヒー、昼はランチの定食、夜はお酒などが楽しめる。

こんにちは
Hola
オラ

こんばんは
Buenas noches
ブエナス ノチェス

〜人ですが席はありますか？
¿Hay una mesa para ~personas?
アイ ウナ メサ パラ ペルソナス

〜の名前で予約しています
Tengo reservado con el nombre de ~
テンゴ レセルバド コン エル ノンブレ デ

禁煙席でお願いします
Prefiero una mesa de no fumadores
プレフィエロ ウナ メサ デ ノ フマドレス

トイレはどこですか？
¿Dónde está el servicio?
ドンデ エスター エル セルビシオ

すみません！
¡Oiga!
/ ¡Por favor!
オイガー
ポルファボール

メニューをお願いします
¡El menú por favor!
エル メヌー ポルファボール

英語のメニューはありますか？
¿Hay menú en inglés?
アイ メヌー エン イングレス

注文した〜がまだ来ません
Todavía no me han traído el ~que pedí.
トダビア ノ メ アン トライド エル〜ケ ペディー

これは注文していません
Esto no le pedí.
エスト ノ レ ペディ

食事をする

お会計をお願いします
La cuenta por favor
ラ クエンタ ポルファボール

私がおごります！
¡Te invito!
テ インビト

カードで払えますか？
¿Se puede pagar con la tarjeta de crédito?
セ プエデ パガル コン ラ タルヘタ デ クレディト

お釣り
la vuelta
ラ ブエルタ

チップ
propina
プロピナ

55

レストランで en el restaurante
エン エル レスタウランテ

どのくらいのボリュームですか?
¿Cómo es el plato?
コモ エス エル プラト

たっぷり
Grande
グランデ

少なめ
Pequeño
ペケニョ

~はありますか?
¿Hay~?
アイ

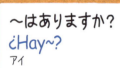

オリーブオイル aceite de oliva アセイテ デ オリバ	ビネガー vinagre ビナグレ	塩 sal サル	胡椒 pimienta ピミエンタ
ケチャップ kechup ケチュップ	砂糖 azúcar アスカル	皿 plato プラト	コップ vaso バソ
フォーク tenedor テネドル	ナイフ cuchillo クチージョ	箸 palillos パリージョス	スプーン cuchara クチャラ

この料理の味はどんな感じですか?
¿Cómo es el sabor de este plato?
コモ エス エル サボール デ エステ プラト

辛い picante ピカンテ	すっぱい ácido アシド	甘い dulce ドゥルセ	苦い amargo アマルゴ

おいしかった!
¡Qué bueno!
ケ ブエノ

お腹いっぱい
Estoy lleno(llena).
エストイ ジェノ (ジェナ)

満足です
Estoy satisfecha.
エストイ サティスフェチャ

移動 / あいさつ / 観光 / 数字 / 買い物 / 食事

en el restaurante

56　※レストランの営業は昼が13時30分〜16時、夜が20時30分〜23時くらいが一般的。
　　※レストランでのチップは店にもよるが、料金の5〜10%くらいが目安。

~は入っていますか？ ¿Contiene~? コンティエネ 	~にアレルギーがあります Tengo alergia a ~. テンゴ アレルヒア ア

卵 huevo ウエボ	牛乳 leche レチェ	小麦 trigo トゥリゴ	ピーナッツ cacanuete カカヌエテ	そば trigo sarraceno トゥリゴ サルラセノ
カニ cangrejo カングレホ	エビ camarón カマロン	大豆 soja ソハ		

飲み物　bebidas　ベビダス

赤ワイン vino tinto ビノ ティント	白ワイン vino blanco ビノ ブランコ	ロゼ vino rosado ビノ ロサド	生ビール caña カニャ
ビール cerveza セルベサ	サングリア sangría サングリア 	カバ cava カバ	シェリー酒 jerez ヘレス

ミネラルウォーター agua mineral アグア　ミネラル	炭酸水 agua con gas アグア コン ガス	炭酸なし agua sin gas アグア シン ガス

辛口 extra seco エクストラ セコ	中辛 seco セコ	中甘 semi seco セミ セコ	甘口 dulce ドゥルセ

レストランで

食事　時間　文化　トラブル　その他

料理 comida
コミダ

前菜 **entremeses** エントレメセス	生ハム **jamón serrano** ハモン セルラノ	チーズ **queso** ケソ
ニンニクスープ **sopa de ajo** ソパ デ アホ	シーフードスープ **sopa de marisco** ソパ デ マリスコ	ガスパチョ **gazpacho** ガスパチョ
サラダ **ensaladilla** エンサラディージャ	ミックスサラダ **ensalada mixta** エンサラダ ミクスタ	ポテトサラダ **ensalada rusa** エンサラダ ルサ

メインディッシュ **segundo plato** セグンド プラト 	 肉　**carnes**　カルネス

豚 **cerdo** セルド	牛 **ternera** テルネラ 

鶏 **pollo** ポジョ 	羊 **cordero** コルデロ 	ウサギ **conejo** コネホ	鴨 **pato** パト
七面鳥 **pavo** パボ	ベーコン **tocino** トシノ	ロース **lomo** ロモ	ヒレ **solomillo** ソロミージョ
あばら肉 **chuletas** チュレタス	舌 **lengua** レングア	レバー **hígado** イガド	脳みそ **sesos** セソス

ソーセージ **salchicha** サルチチャ	チョリソ **chorizo** チョリソ

58　※サラダは好みでオリーブオイルと酢と塩をかけて食べる。
　　※バスクやガリシアは煮込み、カスティージャは焼き物、アンダルシアは揚げ物など、スペインでは各地でバラエティに富んだ郷土料理が味わえる。

魚・シーフード　pescados y mariscos　ペスカドス イ マリスコス

メルルーサ merluza メルルーサ	タラ bacalao バカラオ	マグロ atún アトゥン	ヒラメ platija プラティハ
イカ calamares カラマレス	イセエビ langosta ランゴスタ	カキ ostra オストラ	カニ cangrejo カングレホ
イワシ sardina サルディナ	カツオ bonito ボニート	サケ salmón サルモン	マス trucha トゥルチャ
エビ gamba ガンバ	タコ pulpo プルポ	アサリ almeja アルメハ	ムール貝 mejillón メヒジョン

レア poco echo ポコ エチョ	ミディアム medio echo メディオ エチョ	ウェルダン bien echo ビエン エチョ

ローストした asado アサド	オーブン焼き al horno アル オルノ	鉄板焼き a la plancha ア ラ プランチャ	網焼き a la parrilla ア ラ パルリージャ
揚げた frito フリト	煮た cocido コシド	煮込んだ estofado エストファド	衣をつけて揚げた a la romana ア ラ ロマナ

果物・野菜・デザート frutas/vegetales/postres
フルタス／ベヘタレス／ポストレス

トマト tomate トマテ	ニンニク ajo アホ	ジャガイモ patata パタタ	カボチャ calabaza カラバサ
ピーマン pimiento ピミエント	茄子 berenjena ベレンヘナ	ニンジン zanahoria サナオリア	タマネギ cebolla セボジャ
ホウレンソウ espinaca エスピナカ	マッシュルーム champiñón チャンピニョン	アスパラガス espárragos エスパルラゴス	アンティチョーク alcachofa アルカチョファ

イチゴ fresa フレサ	オレンジ naranja ナランハ	バナナ plátano プラタノ	さくらんぼ cereza セレサ
桃 melocotón メロコトン	プラム ciruela シルエラ	ブドウ uva ウバ	メロン melón メロン
スイカ sandía サンディア	リンゴ manzana マンサナ	洋ナシ pera ペラ	柿 caqui カキ
チリモヤ chirimoya チリモジャ	杏 albaricoque アルバリコケ	ザクロ granada グラナダ	イチジク higo イゴ
ナツメヤシ dátil ダティル	レーズン pasa パサ	アーモンド almendra アルメンドラ	ピスタチオ pistacho ピスタチョ

※地元の人が市場で手提げのビニール袋がほしいときは「小さい袋をください(デメ ウナ ボルシータ ポル ファボール)」と言う。

アイスクリーム helado エラド 	シャーベット sorbete ソルベテ	プリン flan フラン
お米のプディング arroz con leche アルロス コン レチェ	カスタードの デザート natilla ナティージャ	カタルーニャ風 カスタード crema catalana クレマ カタラナ
羊のミルクプリン cuajada クアハダ	ケーキ tarta タルタ	クレープ crepes クレペス

果物・野菜・デザート

〜を1杯ください ¿Me da un ~? メ ダー ウン	ブラックコーヒー café solo カフェ ソロ	カフェラテ café con leche カフェ コン レチェ
エスプレッソに ミルクを少量加えたもの café cortado カフェ コルタド 	ミルクに エスプレッソを少量加えたもの manchado マンチャド	
ノンカフェインコーヒー descafeinado デスカフェイナド	アイスコーヒー café con hielo カフェ コン イエロ	カモミール manzanilla マンサニージャ
ティラ茶 tila ティラ	ミント poleo menta ポレオ メンタ	ホットチョコレート chocolate チョコラテ 

食事　時間　文化　トラブル　その他

おやつ・タパス　merienda/tapas
メリエンダ／タパス

おやつ　merienda　メリエンダ

チュロスと ホットチョコレート churros con chocolate チュロス コン チョコラテ	パイ palmera パルメラ	マドレーヌ magdalena マダレナ
ビスケット galleta ガジェタ	パウンドケーキ bizcocho ビスコチョ	バゲットのサンドイッチ bocadillo ボカディージョ
クロワッサン croissant クロイッサン	リンゴケーキ pastel de manzana パステル デ マンサナ	スペイン版 フレンチトースト torrijas トルリハス

アイスクリーム helado エラド	チョコレートの de chocolate デ チョコラテ	バニラの de vainilla デ バイニージャ	イチゴの de fresa デ フレサ

オレンジジュース *1 zumo de naranja スモ デ ナランハ	ココア cola cao コラカオ	オルチャタ (夏の甘い飲み物) orchata オルチャタ
ブドウジュース mosto モスト	ホットチョコレート chocolate チョコラテ	飲む シャーベット granizado グラニサド

62　*1 パック入りジュースを出す店も多いので、フレッシュジュースがほしいときはnatural（ナトゥラル）と言う。

おかわりをください
Quiero repetir.
キエロ レペティール

お会計お願いします
La cuenta,por favor.
ラ クエンタ ポルファボール

タパス　tapas　タパス

オリーブ aceitunas アセイトゥナス	アンチョア anchoa アンチョア	サーモン salmón サルモン 
生ハム jamón ibérico ハモン イベリコ	チーズ queso ケソ	チョリソ chorizo チョリソ
スペイン風オムレツ tortilla トルティージャ	カタクチイワシの酢漬け boquerones en vinagre ボケロネス エン ビナグレ	イワシのから揚げ boquerones fritos ボケロネス フリトス
エビのニンニクオイル煮 gambas al ajillo ガンバス アル アヒージョ	コロッケ croquetas クロケタス	ミートボール albondigas アルボンディガス
ジャガイモのブラバスソースがけ patatas bravas パタタス ブラバス	イカのリング揚げ calamares a la romana カラマレス ア ラ ロマナ	

おやつ・タパス

食事　時間　文化　トラブル　その他

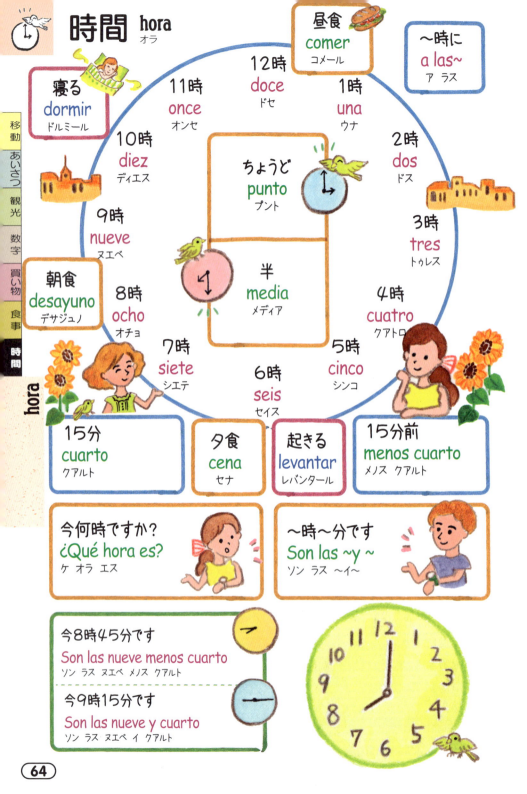

時間分かりますか？
¿Tiene hora?
ティエネ オラ

1時〜分です
Es la una y~.
エス ラ ウナ イ

〜時〜分です
Son las ~y~.
ソン ラス イ

〜時に会いましょう
Nos vemos a las ~
ノス ベモス ア ラス

何時に開きますか（閉まりますか）？
¿A qué hora abren(cierran)?
ア ケ オラ アブレン（シエルラン）

何時に始まりますか（終わりますか）？
¿A qué hora empieza(termina)?
ア ケ オラ エンピエサ（テルミナ）

朝
mañana
マニャーナ

午後
tarde
タルデ

夜
noche
ノチェ

真夜中
medianoche
メディアノチェ

明け方
madrugada
マドゥルガダ

明日の朝
mañana por la mañana
マニャナ ポル ラ マニァーナ

明日の午後
mañana por la tarde
マニャナ ポル ラ タルデ

夏時間
horario de verano
オラリオ デ ベラノ

時間

時間　文化　トラブル　その他

※銀行の営業時間は平日は8時30分〜14時、土曜日は13時までが一般的。
※デパートやショッピングセンターは日曜・祝日は基本的に休みなので注意。

65

1年と天気　calendario y tiempo
カレンダリオ イ ティエンポ

12月6日 お人よしの日
Día de los inocentes
ディア デ ロス イノセンテス

12月25日 クリスマス
Navidad
ナビダッ

クリスマス飾り（ベレン）
belén
ベレン

12月31日 大晦日
Nochevieja
ノチェビエハ

12粒のぶどう
doce uvas
ドセ ウバス

12月24日 クリスマスイブ　Nochebuena　ノチェブエナ

12月6日 憲法記念日
Día de la Constitución
ディア デ ラ コンスティトゥシオン

11月1日 諸聖人の日
Todos los Santos
トドス ロス サントス

10月12日 イスパニア・デー
Fiesta de la Hispanidad
フィエスタ デ ラ イスパニダッ

コロンブス
Colón
コロン

9月24日前後 メルセ祭り
Mercé
メルセ

夏休み
vacaciones de verano
バカシオネス デ ベラノ

8月15日 聖母被昇天祭
Asunción de la Virgen
アスンシオン デ ラ ビルヘン

8月最終水曜日 トマト祭り
La Tomatina
ラ トマティナ

7月6日〜14日 サン・フェルミンの牛追い祭り
San Fermín
サン フェルミン

12月 diciembre ディシエンブレ
11月 noviembre ノビエンブレ
10月 octubre オクトゥブレ
9月 septiembre セプティエンブレ
8月 agosto アゴスト
7月 julio フリオ

冬 invierno インビエルノ
秋 otoño オトニョ

天気のことば

晴れ despejado デスペハド	曇り nublado ヌブラド
雨 lluvia ジュビア	にわか雨 chubasco チュバスコ
雪 nieve ニエベ	嵐 tormenta トルメンタ

風が強い
viento fuerte
ビエント フエルテ

暑い・暖かい
calor
カロル

| 涼しい fresco フレスコ | 寒い frío フリオ |

天気が悪い（良い）
mal tiempo(buen tiempo)
マル ティエンポ（ブエン ティエンポ）

傘が必要です
se necesita paraguas
セ ネセシタ パラグアス

〜（地名）はどんな気候ですか？
¿Cómo es el tiempo en 〜?
コモ エス エル ティエンポ エン

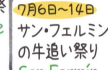

66　スペインでは大晦日の午前0時に12粒のぶどうを食べると1年間を健康に過ごせるという言い伝えがある。
　　サン・ジョルディの日は女性は男性に本を、男性は女性に赤いバラを贈る習慣がある。

1年と天気

| 1月1日 元旦 Año Nuevo アニョ ヌエボ | 明けましておめでとう Feliz año nuevo フェリス アニョ ヌエボ | *スペインではクリスマス期間が終わる1月6日を子供たちは楽しみにしている。子供たちは周りの人の幸福、自分たちの願い、そして世界平和を三賢者への手紙に書き、毎日履いている革靴をピカピカに磨いてそれぞれにコーヒーやおいしいお菓子を用意して三賢者が自分たちの家に立ち寄りご褒美を置いて行ってくれることを楽しみにしている。朝起きるときれいに飲み干されたコーヒーカップのわきにプレゼントが置いてある。 |

1月6日 三賢者の日 Reyes Magos レジェス マゴス

プレゼント regalo レガロ

炭の形のお菓子 carbón カルボン

2月 カーニバル Carnaval カルナバル

3月12〜19日 サン・ホセの火祭り Las Fallas ラス ファジャス

1月 enero エネロ

2月 febrero フェブレロ

3月 marzo マルソ

3月下旬〜4月上旬 聖週間 Semana Santa セマナ サンタ

キリストの山車 paso del cristo パソ デル クリスト

3月19日 父の日 Día del Padre ディア デル パドレ

春 primavera プリマベラ

4月 abril アブリル

ナサレノ nazarenos ナサレノス

マリア様の山車 paso de la virgen パソ デ ラ ビルヘン

聖金曜日 Viernes Santo ビエルネス サント

夏 verano ベラノ

5月 mayo マジョ

5月1日 メーデー Fiesta del Trabajo フィエスタ デル トラバホ

4月下旬 セビージャの春祭り Feria de Abril フェリア デ アブリル

6月 junio フニオ

5月末〜6月初め 聖体祭 Corpus Cristi コルプス クリスティ

5月15日 サン・イシドロの日 Día de San Isidro ディア デ サン イシドロ

巨人のかぶりものパレード Festival Eucaristía フェスティバル エウカリスティア

ロカ(山車) roca ロカ

4月23日 サン・ジョルディの日 Día de Sant Jordi ディア デ サン ホルディ

本 libro リブロ

赤いバラ rosa roja ロサ ロハ

5月第一日曜日 母の日 Día de la Madre ディア デ ラ マドレ

時間 / 文化 / トラブル / その他

スペインの気候は、北部は雨が多く、夏涼しく冬は温暖。中央部は昼夜で寒暖の差が大きく、夏は暑く冬は寒い。東部や南部は年間を通じて温暖で乾燥している。

月日と年月 fechas
フェチャス

日 día ディア	おとといanteayer アンテアジェール	昨日 ayer アジェール
今日 hoy オイ	明日 mañana マニャナ	あさって pasado mañana パサド マニャナ

週 semana セマナ	月 lunes ルーネス	火 martes マルテス	水 miércoles ミエルコレス
木 jueves フエベス	金 viernes ビエルネス	土 sábado サバド	日 domingo ドミンゴ

～週間前 hace~semanas アセ セマナス	～か月前 hace~meses アセ メセス	～年前 hace~años アセ アニョス
先週 la semana pasada ラ セマナ パサダ	先月 el mes pasado エル メス パサド	去年 el año pasado エル アニョ パサド
今週 esta semana エスタ セマナ	今月 este mes エステ メス	今年 este año エステ アニョ
来週 la próxima semana ラ プロクシマ セマナ	来月 el próximo mes エル プロクシモ メス	来年 el próximo año エル プロクシモ アニョ
～週間後 dentro de~semanas デントロ デ セマナス	～か月後 dentro de~meses デントロ デ メセス	～年後 dentro de~años デントロ デ アニョス

1月 enero エネロ	2月 febrero フェブレロ	3月 marzo マルソ
4月 abril アブリル	5月 mayo マジョ	6月 junio フニオ
7月 julio フリオ	8月 agosto アゴスト	9月 septiembre セプティエンブレ
10月 octubre オクトゥブレ	11月 noviembre ノビエンブレ	12月 diciembre ディシエンブレ

いつここに着きましたか？
¿Cuándo llegaste aquí?
クアンド ジェガステ アキー

いつ日本に帰りますか？
¿Cuándo te vuelves a Japón?
クアンド テ ブエルベス ア ハポン

ここにどのくらい滞在しますか？
¿Cuánto tiempo te quedarás aquí?
クアント ティエンポ テ ケダラス アキー

1年間(〜年間)
un año(años)
ウン アニョ (アニョス)

1か月間(〜か月間)
un mes(meses)
ウン メス (メセス)

1週間(〜週間)
una semana(semanas)
ウナ セマナ (セマナス)

1日(〜日間)
un día(días)
ウン ディア (ディアス)

※スペインではキリスト教に根差した祝日が多いが、年によって日にちが変わるので注意。
また、国の祝祭日のほか、州や都市ごとのローカルホリデーもある。

闘牛 corrída de toros
コリダ デ トロス

日向の3階をお願いします。 Andanada del sol, por favor アンダナダ デル ソル ポルファボール
チケットはどこで買えますか？ ¿Dónde se puede comprar el tiquete? ドンデ セ プエデ コンプラル エル ティケテ
闘牛は何時に始まりますか？ →時間 P.64 ¿A qué hora empieza los toros? ア ケ オラ エンピエサ ロス トロス
闘牛場はどこですか？ ¿Dónde está la plaza de toros? ドンデ エスター ラ プラサ デ トロス

闘牛を見に行く
Vamos a ver los toros
バモス ア ベル ロス トロス

闘牛場
plaza de toros
プラサ デ トロス

席
asiento
アシエント

3階席
andanada
アンダナダ

2階席
grada
グラダ

1階席
tendido
テンディド

1階最前列席
barrera
バルレラ

1階2列目席
contrabarrera
コントラバルレラ

砂場
arena
アレナ

日陰席 sombra ソンブラ	日向から日陰にかわる席 sol y sombra ソル イ ソンブラ	日向席 sol ソル

助手
subalterno
スバルテルノ

牛
toro
トロ

ピカドール
picador
ピカドール

槍
vara
バラ

闘牛士（全般）
torero
トレロ

光の衣装
traje de luces
トラヘ デ ルセス

❶ 牛 の 登 場　　❷ ピカドールの登場
❸ バンテリーリョの登場　❹ マタドールの登場

モリ
banderilla
バンデリジャ

白いハンカチ
pañuelo blanco
パニュエロ ブランコ

マタドール
matador
マタドル

バンテリーリョ
banderillero
バンデリジェロ

剣
estoque
エストケ

赤色の杖布
muleta
ムレタ

闘牛

写真を撮ってもいいですか？
¿Se puede sacar fotos?
セ プエデ サカール フォトス

フラッシュをたいても大丈夫ですか？
¿Puedo usar el flash?
プエド ウサル エル フラス

途中入場できますか？
¿Se puede entrar a mitad de la corrida?
セ プエデ エントラル ア ミター デラ コリダ

ラス・ベンタス闘牛場（マドリッド）
Plaza de Toros de Las Ventas
プラサ デ トロス デ ラス ベンタス

レアル・マエストランサ闘牛場（セビージャ）
Real Maestranza
レアル マエストランサ

文化　トラブル　その他

(71)

お祭り fiestas
フィエスタス

~はどこに行けば見られますか？
¿Dónde puedo ver~?
ドンデ プエド ベル

~はいつから始まりますか？
¿Cuándo empieza~?
クアンド エンピエサ

~は何時までやっていますか？
¿Hasta qué hora es ~?
アスタ ケー オラ エス

2月
カディスのカーニバル
carnaval de Cádiz
カルナバル デ カディス

女王
reina
レイナ

謝肉祭
carnaval
カルナバル

仮装
disfraces
ディスフラセス

パレード
desfile
デスフィレ

3月
バレンシアの火祭り
Falles
ファジェス

張子人形
Falla
ファジャ

献花パレード
ofrenda
オフレンダ

花火
fuegos artificiales
フエゴス アルティフィシアレス

爆竹
petardo
ペタルド

点火
cremá
クレマ

チュロス屋
churrería
チュレリア

ブニュエロ
buñuelo
ブニュエロ

4月
セビージャの春祭り
la feria de abril
ラ フェリア デ アブリル

馬車
carruaje
カルアヘ

仮設小屋
caseta
カセタ

民謡
canción
カンシオン

フラメンコの衣装で踊る女性
bailaora
バイラオラ

メインゲート
portada
ポルタダ

fiestas

※「バレンシアの火祭り」「セビージャの春祭り」「パンプローナ牛追い祭り」はスペイン3大祭りと言われ、盛大に開催される。

72

お祭り

7月

パンプローナの牛追い祭り
San Fermín
サン フェルミン

闘牛場
plaza de toros
プラサ デ トロス

闘牛士
torero
トレロ

闘牛
corrida de toros
コリダ デ トロス

牛追い
encierro
エンシエロ

赤いスカーフ
pañuelo rojo
パニュエロ ロホ

8月

ブニョールのトマト祭り
La Tomatina
ラ トマティナ

パロ・ハボン
(石鹸液を塗った長い棒に登る競技)
Palo Jabón パロ ハボン

トマト投げ
lanzar tomates
ランサール トマテス

つぶしたトマト
tomates aplastado
トマテス アプラスタド

9月

バルセロナのメルセ祭
Merced
メルセッ

守護聖母メルセ
Virgen de la Merced
ビルヘン デラ メルセッ

巨人人形
gigantes
ヒガンテス

巨頭人形
cabezudos
カベスドス

人間の塔
castellers
カステジェルス

9月

リオハの収穫祭
Fiesta de Vendimia Riojana
フィエスタ デ ベンディミア リオハナ

守護聖母バルバネラ
Virgen de Valvanera
ビルヘン デ バルバネラ

郷土料理祭
fiesta de comida tradicional
フィエスタ デ コミダ トラディシオナル

民族衣装
traje regional
トラヘ レヒオナル

ログローニョ
(※町の名前)
Logroño
ログローニョ

ブドウ踏み
pisado
ピサド

サッカー fútbol
フッボル

好きなチーム(選手)は？	～が大好きです
¿Qué equipo(jugador)te gusta más?	Estoy loco(loca) por~
ケ エキポ (フガドル) テ グスタ マス	エストイ ロコ (ロカ) ポル

リーガエスパニョーラ
La Liga Española/primera división
ラ リガ エスパニョラ／プリメラ ディビシオン

FCバルセロナ	レアル・マドリッド	アトレチコ・マドリッド	アスレティック・ビルバオ
FC Barcelona	Real Madrid	Atlético de Madrid	Atlético de Bilbao
バルセロナ	レアル マドリッ	アトレティコ デ マドリッ	アトレティコ デ ビルバオ
ビジャレアル	レアル・ソシエダ	セビージャFC	バレンシアCF
Villarreal	Real Sociedad	Sevilla FC	Valencia CF
ビジャレアル	レアル ソシエダッ	セビジャ	バレンシア
RCDエスパニョール	レバンテUD	セルタ・デ・ビーゴ	グラナダCF
RCD Espanyol	Levante UD	Celta	Granada CF
エスパニョル	レバンテ	セルタ	グラナダ
RCDマヨルカ	オサスナ	ヘタフェCF	SDエイバル
RCD Mallorca	Osasuna	Getafe CF	SD Eibar
マジョルカ	オサスナ	ヘタフェ	エイバル
デポルティーボ・アラベス	レアル・バジャドリード	カディスCF	レアル・ベティス
Deportivo Alavés	Valladolid	Cádiz CF	Betis
デポルティボ アラベス	バジャドリッ	カディス	ベティス

クリスティアーノ・ロナウド	カリム・ベンゼマ	選手
Cristiano Ronaldo	Karim Benzema	jugador
クリスティアノ ロナルド	カリム ベンゼマ	フガドル
リオネル・メッシ	ヴィニシウス・ジュニオール	監督
Leo Messi	Vinícius Júnior	entrenador
レオ メッシ	ヴィニシウス フニオル	エントレナドル
アンス・ファティ	久保建英	審判
Ansu Fati	Kubo Takefusa	ábitro
アンス ファティ	クボ タケフサ	アビトロ
ペドリ	柴崎岳	
Pedri	Gaku Shibasaki	
ペドリ	ガク シバサキ	

※スペインのサッカーシーズンは8月下旬から翌年5月下旬。国王杯などのカップ戦は水曜開催が多い。
※FCバルセロナのホームスタジアム「カンプ・ノウ」は9万8,000人を収容でき、ヨーロッパ最大級。

今日(明日)、〜 の試合はありますか?	当日券はありますか?
¿Hay un partido de ~hoy(mañana)? アイ ウン パルティド デ 〜オイ (マニャナ)	¿Quedan tiquetes de hoy? ケダン ティケテス デ オイ
スタジアムへはどう行けばいいですか? ¿Cómo se puede ir al campo? コモ セ プエデ イル アル カンポ	
試合は何時に始まりますか?	チケットはどこで買えますか?
¿A qué hora empieza el partido? ア ケ オラ エンピエサ エル パルティド	¿Dónde se puede comprar el tiquete? ドンデ セ プエデ コンプラル エル ティケテ
〜席のチケットはいくらですか?	今日(明日)のチケットを〇枚ください
¿Cuánto cuesta el tiquete de~silla? クアント クエスタ エル ティケテ デ 〜シジャ	Déme ~tiquetes de hoy(mañana) デメ 〜ティケテス デ オイ (マニャナ)

時間 P.64

数字 P.40

サポーター hincha インチャ		
ホーム casa カサ	アウェイ fuera フエラ	
ハーフタイム descanso デスカンソ	試合 partido パルティド	

席 asiento アシエント
列 fila フィラ

バックスタンド lateral ラテラル

スタジアム campo カンポ

ゴール裏 gol ゴル

メインスタンド tribuna トリブナ

応援 apoyo アポジョ

行けー! ¡Venga! ベンガ

最高! ¡Bravo! ブラボ

いいぞ! ¡Bien! ビエン

勝った! ¡Ganamos! ガナモス

負けた Perdimos ペルディモス

〜はどこにありますか?	〜の名前入りユニフォームをください
¿Dónde hay~? ドンデ アイ	Déme un uniforme con el nombre de~ デメ ウン ウニフォルメ コン エル ノンブレ デ〜
サンティアゴ・ベルナベウ・スタジアム	カンプ・ノウ
Estadio Santiago Bernabeu エスタディオ サンティアゴ ベルナベウ	Camp Nou カム ノウ
チケット窓口	チーム名入りマフラー
taquilla タキージャ	bufanda con nombres de equipo ブファンダ コン ノンブレス デ エキポ
応援グッズ	ユニフォーム
accesorios con los nombres de los equipos アクセソリオス コン ロス ノンブレス デ ロス エキポス	uniforme ウニフォルメ
スタジアムツアー	オフィシャルショップ
visitas guiadas a estadios de fútbol ビシタス ギアダス ア エスタディオス デ フッボル	tienda oficial ティエンダ オフィシアル

サッカー

文化 / トラブル / その他

※スタジアムの窓口でチケットを購入する場合、料金は20〜70ユーロくらい。

フラメンコ flamenco
フラメンコ

フラメンコはどこで見られますか?
¿Dónde se puede ver el flamenco?
ドンデ セ プエデ ベル エル フラメンコ

フラメンコは何時から始まりますか?
¿A qué hora empieza el flamenco?
ア ケ オラ エンピエサ エル フラメンコ

チケットはいくらですか?
¿Cuánto cuesta?
クアント クエスタ

タブラオ
tablao
タブラオ

扇子
abanico
アバニコ

手拍子
palmas
パルマス

大きなショール
mantón
マントン

花飾り
flores
フロレス

ギタリスタ
guitarrista
ギタリスタ

劇場
teatro
テアトロ

バイラオーラ
bailarín
バイラリン

スカート
falda
ファルダ

ギター
guitarra
ギタルラ

かけ声
jaleo
ハレオ

行くぞー!
(これから盛り上がるとき)
¡Vamos!
バモス

オーレ!
¡Olé!
オレー

そうだー!
(技が決まったとき)
¡Eso es!
エソ エス

カワイコちゃん!
¡Bonita!
ボニタ

※マドリードなどには、フラメンコの衣装や楽譜、CD、ギターなどを扱うフラメンコ用品のお店がある。

写真を撮ってもらってもいいですか？ ¿Me puede sacar una foto? メ プエデ サカル ウナ フォト	フラメンコは初めてです Es mi primera vez que veo el flamenco エス ミ プリメラ ベス ケ ベオ エル フラメンコ
どんな掛け声をすればいいですか？ ¿Cómo es el jaleo? コモ エス エル ハレオ	一緒に踊ることはできますか？ ¿Puede bailar conmigo? プエデ バイラル コンミゴ

帽子
cordobés
コルドベス

カスタネット
castañuelas
カスタニュエラス

踊り
baile
バイレ

イヤリング
pendientes
ペンディエンテス

ジプシー
gitano(gitana)
ヒターノ（ヒターナ）

カンタオール
cantante
カンタンテ

フラメンコドレス
vestido de flamenco
ベスティド デ フラメンコ

フラメンコシューズ
tacones
タコネス

歌
cante
カンテ

フラメンコ

文化 / トラブル / その他

病気とからだ enfermedad y cuerpo
エンフェルメダッ イ クエルポ

具合が悪い Me encuentro mal メ エンクエントロ マル	咳が出る tengo tos テンゴ トス
熱がある tengo fiebre テンゴ フィエブレ	風邪をひいた me he resfriado メ エ レスフリアド
体がだるい me siento flojo メ シエント フロホ	食欲がない No tengo apetito ノ テンゴ アペティト
吐気がする tengo náusea テンゴ ナウセア	怪我をした estoy herido エストイ エリド

かゆみ prurito プルリト	悪寒 escalofrío エスカロフリオ	めまい vértigo ベルティゴ	貧血 anemia アネミア
じんましん urticaria ウルティカリア	発疹 erupción エルプシオン	下痢 diarrea ディアレア	便秘 estreñimiento エストレニミエント
ねんざ torcedura トルセドゥラ	打ぼく contusión コントゥシオン	骨折 fractura フラクトゥラ	出血 sangrar サングラル
はれ hinchado インチャド	やけど quemadura ケマドゥラ	虫刺され・かみ傷 picadura ピカドゥラ	

～をください Déme～ デメ	水 agua アグア	アスピリン aspirina アスピリナ	包帯 vendas ベンダス
	薬 medicina メディシナ	絆創膏 tirita ティリタ	湿布 cataplasma カタプラスマ

ベッドで休みます Voy a descansar en la cama ボイ ア デスカンサル エン ラ カマ	薬局はどこですか？ ¿Dónde hay una farmacia? ドンデ アイ ウナ ファルマシア
病院に行きたい Quisiera ir al médico キシエラ イル アル メディコ	救急車を呼んで下さい Llame a la ambulancia ジャメ アラ アンブランシア

78

日本語	Español	カナ
～が痛い	Me duele~	メ ドゥエレ
とても痛い	duele mucho	ドゥエレ ムチョ
少し痛い	duele un poco	ドゥエレ ウン ポコ
ずっと痛い	duele constantemente	ドゥエレ コンスタンテメンテ
さわると痛い	duele al tocar	ドゥエレ アル トカル

日本語	Español	カナ
首	cuello	クエジョ
肩	hombro	オンブロ
胸	pecho	ペチョ
お腹	vientre	ビエントレ
おへそ	ombligo	オンブリゴ
わき腹	costado	コスタド
腕	brazo	ブラソ
手首	muñeca	ムニェカ
手	mano	マノ
指	dedo	デド
頭	cabeza	カベサ
ほっぺた	mejilla	メヒジャ
顔	cara	カラ
目	ojo	オホ
耳	oreja	オレハ
鼻	nariz	ナリス
口	boca	ボカ
唇	labios	ラビオス
歯	dientes	ディエンテス
舌	lengua	レングア
のど	garganta	ガルガンタ
爪	uña	ウニャ
背中	espalda	エスパルダ
腰	caderas	カデラス
お尻	nalgas	ナルガス
肛門	ano	アノ
脚	piernas	ピエルナス
ひざ	rodilla	ロディジャ
足首	tobillo	トビジョ
足	pie	ピエ
皮ふ	piel	ピエル
筋肉	músculo	ムスクロ
骨	hueso	ウエソ

病気とからだ

トラブル その他

79

病院と薬局 médico y farmacia
メディコ イ ファルマシア

具合が悪い Me encuentro mal メ エンクエントロ マル	○日前からです Desde hace~días デスデ アセ ~ディアス	→数字 P⑩ ~が必要です Necesita~ ネセシタ

注射 inyección インジェクシオン	点滴 goteo ゴテオ	入院 hospitalización オスピタリサシオン	手術 operación オペラシオン	検査 análisis アナリシス

風邪 resfriado レスフリアド	肺炎 pulmonía プルモニア	検温 medición de temperatura メディシオン デ テンペラトゥラ	マスク mascarilla マスカリジャ
盲腸 apendicitis アペンディシティス	はしか sarampión サランピオン	コロナ coronavirus (COVID-19) コロナヴィルス （コヴィッ ディエシヌエベ）	
ぜんそく asma アスマ	水ぼうそう varicela バリセラ	消化不良 dispepsia ディスペプシア	
胃腸炎 gastroenteritis ガストロエンテリティス	食中毒 intoxicación alimenticia イントクシカシオン アリメンティシア	熱中症 Insolación インソラシオン	
高血圧 hipertensión イペルテンシオン	低血圧 hipotensión イポテンシオン	インフルエンザ gripe グリペ	

血液型 tipo de sangre ティポ デ サングレ	心臓 corazón コラソン		肝臓 hígado イガド
A型 A アー / B型 B ベー / O型 O オー / AB型 AB アーベー	肺 pulmones プルモネス		腎臓 riñones リニョネス
	胃 estómago エストマゴ		盲腸 apéndice アペンディセ
RH- RH negativo エルレアチェ ネガティボ	腸 intestino インテスティノ		ぼうこう vejiga urinaria ベヒガ ウリナリア

外科 cirugía シルヒア	整形外科 ortopedia オルトペディア	内科 medicina interna メディシナ インテルナ
小児科 pediatría ペディアトリア	耳鼻咽喉科 otorrinolaringología オトリノラリンゴロヒア	眼科 oftalmología オフタルモロヒア 

80

ワクチン	ワクチン接種	証明書	隔離期間
vacuna	vacunación	certificado	periodo de aislamiento
ヴァクナ	ヴァクナシオン	セルティフィカド	ペリオド デ アイスラミエント

～のアレルギーです	妊娠しています	保険に入っています
Tengo alergia a ~	Estoy embarazada	Estoy asegurado
テンゴ アレルヒア ア	エストイ エンバラサダ	エストイ アセグラド

～の検査	血	便	尿
análisis de~	sangre	heces	orina
アナリシス デ	サングレ	エセス	オリナ

気分が良く（もっと悪く）なりました	どのくらいで治りますか？
Me encuentro mejor/Me siento peor	¿Cúando me curaré?
メ エンクエントロ メホール／メ シエント ペオール	クアンド メ クラレー

旅行を続けられますか？	いくらですか？
¿Puedo seguir mi viaje?	¿Cúanto cuesta?
プエド セギル ミ ビアヘ	クアント クエスタ

～を下さい	薬局はどこですか？
Déme~	¿Dónde está la farmacia?
デメ	ドンデ エスター ラ ファルマシア

領収書	処方せん	診断書
el recibo	la receta	el certificado médico
エル レシボ	ラ レセタ	エル セルティフィカド メディコ

薬局	頭痛（胃痛）	鎮痛剤（痛み止め）	胃腸薬
farmacia	dolor de cabeza(estómago)	analgésico	medicina gastrointestinal
ファルマシア	ドロル デ カベサ(エストマゴ)	アナルヘシコ	メディシナ ガストロインテスティナル

この処方せんをお願いします	風邪	咳
¿Me puede preparar esta receta?	resfriado	tos
メ プエデ プレパラル エスタ レセタ	レスフリアド	トス

～の薬を下さい	解熱剤	抗生物質
Déme una medicina para~	antipirético	antibiótico
デメ ウナ メディシナ パラ	アンティピレティコ	アンティビオティコ

1日〇回 →数字 P⑩	食後
~veces al día	después de las comidas
～ベセス アル ディア	デスプエス デ ラス コミダス

病院と薬局

トラブル その他

トラブル problemas
プロブレマス

鍵を部屋に忘れた	Se me olvidó la llave en la habitación セ メ オルビド ラ ジャベ エン ラ アビタシオン	
部屋の番号を忘れた	Me he olvidado el número de mi habitación メ エ オルビダド エル ヌメロ デ ミ アビタシオン	
水(お湯)が出ない	No sale el agua(agua caliente) ノ サレ エル アグア (アグア カリエンテ)	
電気が点かない	No se enciende la luz ノ セ エンシエンデ ラ ルス	
トイレの水が出ない	No corre el agua en el servicio ノ コルレ エル アグア エン エル セルビシオ	
ドアが開かない (閉まらない)	No se abre(cierra) la puerta ノ セ アブレ (シエルラ) ラ プエルタ	

～が使えない No funciona~ ノ フンシオナ	TV la tele ラ テレ	電話 el teléfono エル テレフォノ	エアコン el aire acondicionado エル アイレ アコンディシオナド
～がない No hay~ ノ アイ	タオル toalla トアジャ	石鹸 jabón ハボン	トイレットペーパー papel higiénico パペル イヒエニコ

毛布をもう一枚下さい	Déme otra manta, por favor デメ オトラ マンタ ポルファボール	
部屋をかえて下さい	¿Podría cambiar de habitación? ポドリア カンビアル デ アビタシオン	
誰か部屋に よこして下さい	¿Podría enviar a alguien a mi habitación? ポドリア エンビアル ア アルギエン ア ミ アビタシオン	
ここに電話して下さい	¿Podría llamar a este número, por favor? ポドリア ジャマル ア エステ ヌメロ ポルファボール	
→		

助けて！
¡Socorro!
ソコルロ

やめて！
¡Para!
パラ

ドロボー！
¡Ladrón!
ラドロン

| 交通事故 accidente de tráfico アクシデンテ デ トラフィコ | なぐられた Me han golpeado メ アン ゴルペアド | おそわれた Me han asaltado メ アン アサルタド | ケガをした Estoy herida エストイ エリダ |

| 〜をなくした He perdido〜 エー ペルディド | 〜を盗まれた Me han robado〜 メ アン ロバド |

| お金 dinero ディネロ | 財布 cartera(monedero) カルテラ (モネデロ) | クレジットカード tarjeta de crédito タルヘタ デ クレディト |

| パスポート pasaporte パサポルテ | 航空券 billete de avión ビジェテ デ アビオン | バッグ bolso ボルソ | リュック mochila モチラ |

| いつ？ ¿Cuándo? クアンド | どこで？ ¿Dónde? ドンデ | いくら？ ¿Cuánto dinero? クアント ディネロ |

| 警察 policía ポリシア | 盗難(事故)証明 certificado de robo (accidente) セルティフィカド デ ロボ (アクシデンテ) | 〜を再発行して下さい ¿Podría reexpedir〜? ポドリア レエクスペディル |

| 日本大使館 embajada japonesa エンバハダ ハポネサ | 日本領事館 consulado japonés コンスラド ハポネス | 航空会社 compañía aérea コンパニア アエレア |

トラブル

| おちついて tranquilo トランキロ | 心配しないで No te preocupes ノ テ プレオクペス | もう大丈夫、ありがとう Ya estoy bien, gracias ジャ エストイ ビエン グラシアス |

トラブル その他

連絡先の交換 intercambiar información de contacto
インテルカンビアル インフォルマシオン デ コンタクト

○○を教えてくれる？ ¿Me enseñas tu~? メ エンセニャス トゥ	○○を教えるね Te enseño mi~ テ エンセニョ ミ

名前 nombre ノンブレ	住所 dirección ディレクシオン	電話番号 número de teléfono ヌメロ デ テレフォノ	E-mailアドレス e-mail イー マイル

WhatsApp WhatsApp ワッツアップ	LINE LINE ライン	Instagram Instagram インスタグラム	twitter twitter ツウィッテル	Skype Skype スカイプ

○○を送るね Te enviaré~ テ エンビアレ	手紙 una carta ウナ カルタ	写真 las fotos ラス フォトス

手紙(E-mail)書くね Te voy a escribir テ ボイ ア エスクリビル	手紙(E-mail)書いてね ¡Escríbeme! エスクリベメー
連絡取り続けようね Seguimos en contacto セギモス エン コンタクト	～で会おうね Quedamos en~ ケダモス エン

ここに書いて下さい
Escríbemelo aquí
エスクリベメロ アキー

84

第2部

スペイン人と楽しく会話するためのアドバイス

文法や動詞、女性名詞、男性名詞、過去形…

語学でいえば覚えないといけないことがたくさんありますが、

尻込みすることはありません。

気軽に話したくなる、話しかけられるヒントを伝授。

おしゃべり好きのスペイン人

細かなことは気にしない

バルやカフェはもちろん、スペインの街を歩いていると街角でも道端でも、2人だったり3人だったり4人だったり、とにかくおしゃべりしている人たちをよく見かけることになるでしょう。そう、スペイン人は基本的に話をするのが好きなのです。

いったいどんな話をしているのか聞き耳を立てていると、東洋人に比べると表情が豊かで、身振り手振りも加わり、さぞかし内容の濃い話をしているのかと思えば、なんのことはない、いわゆる井戸端会議のようなものがほとんどです。もちろんなかには深刻な話、テーマの大きな話をしている人もいるでしょうが、私たちからすると、「そんなことで熱くなるの？」というような、身の回りのささやかなことについて激論を戦わせていたりするのです。

さらに、スペイン人はいわゆる〝ラテン系〟の代表格ですから、細かいことは気にしません。「人生、楽しく行こうよ！」というのがスペイン人の気質です。

ということは、スペイン語が話せないからと躊躇うのはもったいない！　発音が違っていようが、文法がいい加減であろうが、もっと言えば通じなくたって大丈夫ってことです。話しかけさえすれば、勝手に彼らがなんとかしてわかろうとしてくれるはず。

きかっけの言葉だけ覚えておくこと

会話のきっかけとして、まずは呼びかけ、日本語の「やあ！」にあたる "¡Hola!"（オラ！）を乱発しましょう。これをものにしたら次は挨拶の基本「こんにちは」の "Benas tardes"（ブエナ　タルデス）を使ってみましょう。ここまできたら次は「すみません！」"Lo siento"（ロシエント）と話しかけましょう。それから先は本書を使えばなんとかなりますし、もしも英語が堪能だったり多少話せたら、英語でまくしたててもいいでしょう。英語を話すスペイン人も多くいますから。ただし、スペイン人の英語はスペイン的な発音が混ざってわかりにくく、English ではなく Spanglish と言われていますから、そのつもりで。反対に日本人が不得意で、イギリスやアメリカでは通じないことの多い R と L の発音もナーバスにならなくても、意外にスペイン人には通じたりします。

86

ローマ字読みで読めば通じます

本書の日本語読みカタカナ語を見て気づかれたでしょうが、基本的にはアルファベットをそのままローマ字読みすれば大丈夫。母音は日本語とおなじで、ア・イ・ウ・エ・オの5つで、並びは a・e・i・o・u ですが、母音が16もあるフランス語のように苦労はしないはずです。なので、たとえば「バス」のスペイン語 "autobús" はアウトブス、「市場」の "mercado" はメルカドで通じるのです。

こうしてスペイン語がわからなくても、とりあえず読めるというのは心強いですよね。なので地図などの読みで苦労することはあまりないでしょう。

子音のルールのポイント

基本はローマ字読みでOKですが、子音にはいくつかのルールがあります。もちろんこれだってすべて忠実に守らなければ通じないというものではありません。〝ラテン系〟細かいことは気にしないお国柄、気質です。間違ったって平気です。でも、知っておくに越したことはありません。その代表が下の表にある "c" と "g" で、以下のようになります。

また、hotel「ホテル」のように頭に "h" が付く場合にはhを読まず（オテル）になり、Japón「日本」のように頭に "j" が付く場合には（ハポン）といった読みになります。

もちろんこれですべてではありませんが、スペイン語を話すとっかかりとしては最低これだけ知っておけばなんとかなるでしょう。

コミュニケーションの最大のコツは適当であろうと、不完全であろうと、まずは話してみることです。

ca	= カ	gu	= グ
cu	= ク	go	= ゴ
co	= コ	gi	= ヒ
ci	= シ	ge	= ヘ
ce	= セ	gui	= ギ
ga	= ガ	gue	= ゲ

文法よりも伝えようという気持ちで話してみる

　語学を本格的に学ぶなら、文法は避けて通れません。もちろんスペイン語にも正しい文法があります。とくに文字にする場合には文法は重要になります。
　しかし、会話は目の前に話す相手がいるわけで、とりあえず意思の疎通ができればいいわけです。異言語人の場合、異言語人同士の場合、たがいに美しく、流暢に、という必要はありません。要はこちらの伝えたいことを単語の羅列ででも伝えれば、旅行というシーンにおいては最低限事足りるでしょう。
　文法、主語や動詞や形容詞、過去形や未来形、現在進行形、また1人称、2人称、3人称、ほかにもスペイン語には女性名詞、男性名詞などがあります。そう考えると難しい言語のように感じてしまいます。でも、日本で、他国の旅行者が文法もむちゃくちゃな日本語で話しかけてこられたとしても、だれもがなんとか理解してあげようと思うはずです。スペイン人もおなじ。いえ、日本人よりももっとおおらかに、聞いてくれるはず。もしかすると、「そういう時はこう言うんだよ」と教えてくれたりすることもあります。
　「通じればいいじゃない！」程度の軽い気持ちで、発音は大げさにしてコミュニケーションしてみてください。

第3部

日本語→スペイン語 単語集

"第3部"では約1800の単語を収録しています。

旅行者にとって必要度の高い言葉、深い内容を話すための言葉を厳選しています。

★第1部への索引機能付き★
第1部に、関連の深い言葉や項目がある場合は、そのページ番号を示してあります。伝えたい話題へすばやくアクセスするための索引としても活用してください。

アクセントについての説明
（1）語末が母音または［-n］か［-s］→ 最後から2つめの音節
（2）語末が［-n］［-s］以外の子音 → 最後の音節
（3）上の2つにあてはまらないもの → アクセント記号をつける
※二重母音・三重母音は1つの音節に数え、その音節中の最後の母音にアクセント

＊形容詞および人・動物に関する名詞は一部を除き男性形のみ記載

あい→いま

あ行

愛 **amor** アモール	上げる（上に） **levantar** レバンタール	厚い **grueso** グルエソ	ありがとう p22,29 **gracias** グラシアス	意見 **opinión** オピニオン	1回 **una vez** ウナ ベス
相性 **llevar bien** ジェバール ビエン	あげる（人に） **dar** ダール	暑い p17,66 **hace calor** アセ カロール	歩く p8,12 **andar** アンダール	石 **piedra** ピエドラ	1階 **planta baja** プランタ バハ
愛人 **amante** アマンテ	揚げる p59 **freír** フレイール	集める **reunir** レウニール	アレルギー p57,80,81 **alergia** アレルヒア	維持する **mantener** マンテネール	1週間 p69 **una semana** ウナ セマナ
愛する **amar, querer** アマール、ケレール	あこがれる **admirar** アドゥミラール	集まる **reunirse** レウニルセ	安心 **tranquilidad** トランキリダッ	医者 p26 **médico** メディコ	一緒 **juntos** フントス
あいさつ p26,22 **saludo** サルド	朝 p65 **mañana** マニャナ	あとで **después** デスプエス	安全 p18 **seguridad** セグリダッ	椅子 **silla** シージャ	一生 **toda la vida** トダ ラ ビダ
アイスコーヒー p61 **café con hielo** カフェ コン イエロ	あさって p68 **pasado mañana** パサド マニャナ	あなた **usted** ウステッ	案内する **guiar** ギアール	遺跡 **ruinas** ルイナス	一生懸命 **con todas sus fuerzas** コン トダス スス フエルサス
アイデア **idea** イデア	足 p79 **pie** ピエ	あなたたち **ustedes** ウステデス	胃 p80 **estómago** エストマゴ	移籍 **traspaso** トラスパソ	一般的 **general** ヘネラル
空いている p15 **libre** リブレ	脚 p79 **pierna** ピエルナ	兄 **hermano mayor** エルマノ マジョール	いい p81 **bueno** ブエノ	以前 **antes** アンテス	一方的 **unilateral** ウニラテラル
アイロン **plancha** プランチャ	味 p56 **sabor** サボール	姉 **hermana mayor** エルマナ マジョール	いいえ p23,29 **no** ノ	忙しい **ocupado** オクパド	いつ p83 **cuándo** クアンド
会う **ver** ベール	アジア **Asia** アシア	アパート **apartamento** アパルタメント	言う **decir** デシール	痛い p79 **doler** ドレール	いつも **siempre** シエンプレ
青い p47 **azul** アスール	明日 p54,68 **mañana** マニャナ	危ない **peligroso** ペリグロソ	家 **casa** カサ	いたずら **travesura** トラベスラ	遺伝 **herencia** エレンシア
赤い p47 **rojo** ロホ	汗 **sudor** スドール	油 **aceite** アセイテ	イカ p59,63 **calamar** カラマール	炒める **saltear** サルテアール	いとこ **primo** プリモ
赤ちゃん **bebé** ベベ	あそこ **allí** アジー	甘い p56,57 **dulce** ドゥルセ	～以下 **menos de ～** メノス デ	1月 p69 **enero** エネロ	田舎 **campo** カンポ
明るい **claro** クラロ	遊ぶ **jugar** フガール	雨 p66 **lluvia** ジュビア	～以外 **excepto ～** エクセプト	1日 **un día** ウン ディア	犬 **perro** ペルロ
秋 p66 **otoño** オトーニョ	暖かい p66 **caliente** カリエンテ	飴 p52 **caramelo** カラメロ	怒り **enfadado** エンファダド	1日おき **cada dos días** カダ ドス ディアス	命 **vida** ビダ
飽きる **cansarse de** カンサールセ デ	頭 p79 **cabeza** カベサ	アメリカ p27 **América** アメリカ	～行き **para ～** パラ	イチゴ p60 **fresa** フレサ	祈る p33 **rezar** レサール
アクセサリー p49 **accesorio** アクセソリオ	頭がいい **inteligente** インテリヘンテ	怪しい **sospechoso** ソスペチョソ	生きる **vivir** ビビール	市場 p12,28,43,48,50 **mercado** メルカド	違反 **violación** ビオラシオン
開ける p17,28,65 **abrir** アブリール	新しい **nuevo** ヌエボ	謝る **disculparse** ディスクルパルセ	行く **ir** イール	胃腸薬 **medicina gastrointestinal** メディシナ ガストロインテスティナル	今 **ahora** アオラ
	当たり前 **naturalmente** ナトゥラルメンテ	洗う **lavar** ラバール	いくつ **cuánto** クアント		居間 **salón** サロン

いま→おと

意味 *p24*
sentido
センティド

Eメール *p84*
e-mail
イーマイル

妹
hermana menor
エルマナ メノール

いらない
no necesitar
ノ ネセシタール

入り口 *p8*
entrada
エントラダ

要る
necesitar
ネセシタール

居る
estar
エスタール

色 *p46,47*
color
コロール

印刷する
imprimir
インプリミール

印象
impresión
インプレシオン

引退する
retirarse
レティラルセ

インターネット
internet
インテルネッ

飲料水
agua potable
アグア ポタブレ

ウエイター
camarero
カマレロ

ウエイトレス
camarera
カマレラ

植える
plantar
プランタール

受付
recepción
レセプシオン

受け取る
recibir
レシビール

牛(雄牛/牝牛) *p71*
toro/vaca
トロ/バカ

失う
perder
ペルデール

後ろ *p13*
trasera
トラセラ

嘘
mentira
メンティラ

歌 *p77*
canción
カンシオン

歌う *p77*
cantar
カンタール

疑う
dudar
ドゥダール

宇宙
universo
ウニベルソ

打つ
batir
バティール

美しい
bonito
ボニト

移す
mover
モベール

訴える
apelar
アペラール

馬
caballo
カバジョ

生まれる
nacer
ナセール

海 *p29,39*
mar
マル

産む
parir
パリール

裏
revés
レベス

裏切る
traicionar
トライシオナール

うらやましい
envidiable
エンビディアブレ

売り切れ *p15*
agotado
アゴタド

売る
vender
ベンデール

ウール *p47*
lana
ラナ

うるさい
ruidoso
ルイドソ

うれしい
estar contento
エスタール コントント

噂
rumor
ルモール

運がいい
afortunado
アフォルトゥナド

うんざりする
aburrido
アブリド

運賃 *p15*
tarifa
タリファ

運転する
conducir
コンドゥシル

運転手
conductor
コンドゥクトル

運転免許証
carnet de conducir
カルネッテ デ コンドゥシール

絵
pintura
ピントゥラ

絵を描く
pintar
ピンタール

エアコン *p17,18,21,82*
aire acondicionado
アイレ アコンディシオナド

映画
película
ペリクラ

映画館
cine
シネ

影響
influencia
インフルエンシア

営業職
vendedor
ベンデドール

英語 *p14,24,52,55*
inglés
イングレス

エイズ
SIDA
シダ

衛生的
higiénico
イヒエニコ

英雄
héroe
エロエ

栄養
alimentación
アリメンタシオン

駅 *p8,10,14,18,29,32*
estación
エスタシオン

エクアドル
Ecuador
エクアドル

エスカレーター
escalera móvil
エスカレラ モビル

エステ
estética
エステティカ

絵はがき
tarjeta postal
タルヘタ ポスタル

エビ *p57,59,63*
gamba
ガンバ

選ぶ
elegir
エレヒール

得る
ganar
ガナール

エレベーター
ascensor
アセンソル

延期する
aplazar
アプラサール

起きる *p64*
levantarse
レバンタルセ

置く
poner
ポネール

送る
enviar
エンビアール

贈る
regalar
レガラール

遅れる *p14*
llegar tarde
ジェガル タルデ

延長する
prolongar
プロロンガール

鉛筆 *p53*
lápiz
ラピス

遠慮する
abstenerse
アブステネルセ

尾
cola
コラ

おいしい *p56*
sabroso
サブロソ

追う
perseguir
ペルセギール

王
rey
レイ

王室の, 王立
real
レアル

往復 *p15*
de ida y vuelta
デ イダ イ ブエルタ

往復切符 *p15*
billete de ida y vuelta
ビジェテ デ イダ イ ブエルタ

多い
mucho
ムチョ

大きい *p45,52*
grande
グランデ

大きさ
medida
メディダ

お金 *p83*
dinero
ディネロ

起こす
levantar
レバンタール

行う
hacer
アセール

怒る
enfadarse
エンファダルセ

オシャレ
moda
モダ

教える
enseñar
エンセニャール

おしっこ
pis
ピス

押す
empujar
エンプハール

遅い
tarde
タルデ

落ちる
caer
カエール

夫
marido
マリド

お釣り *p17,41,55*
vuelta
ブエルタ

音
sonido
ソニド

弟
hermano menor
エルマノ メノール

男
hombre
オンブレ

男の子
chico
チコ

落とす
dejar caer
デハル カエール

落とし物
objeto perdido
オブヘト ペルディド

訪れる
visitar
ビシタール

おととい *p68*
anteayer
アンテアジエール

91

おと→かて

大人
adulto
アダゥルト

オートバイ
motocicleta
モトシクレタ

踊る　*p77*
bailar
バイラール

踊り　*p77*
baile
バイレ

驚く
asustarse
アススタルセ

お腹が一杯　*p56*
estar lleno
エスタール ジェノ

お腹がすく
tener hambre
テネール アンブレ

同じ
mismo
ミスモ

覚えている
recordar
レコルダール

おめでとう
¡Felicidades!
フェリシダデス

重い
pesado
ペサド

重さ
peso
ペソ

思い出す
recordar
レコルダール

思い出
recuerdo
レクエルド

思う
creer
クレエール

面白い
interesante
インテレサンテ

オモチャ　*p49*
juguete
フゲテ

表
superficie
スペルフィシエ

親
padres
パドゥレス

親孝行
devoto de padres
デボト デ パドゥレス

泳ぐ
nadar
ナダール

オリーブの実
p37,51
oliva, aceituna
オリバ、アセイトゥナ

降りる
bajar
バハール

オリンピック
juegos olímpicos (JJ.OO.)
フエゴス オリンピコス

オレンジ
p47,53,60
naranja
ナランハ

終わる　*p65*
terminar
テルミナール

恩
favor
ファボール

音楽　*p28*
música
ムシカ

温泉
termas
テルマス

温度
temperatura
テンペラトゥラ

女
mujer
ムヘール

女の子
chica
チカ

か行

蚊
mosquito
モスキート

貝　*p59*
concha
コンチャ

～階
~ planta
プランタ

～回
~ vez
ベス

会員
miembro
ミエンブロ

外貨
moneda extranjera
モネダ エクストランヘラ

海外
ultramar
ウルトラマル

海岸　*p36*
playa
プラジャ

会議
reunión
レウニオン

会計　*p55*
cuenta
クエンタ

解決する
resolver
レソルベール

外国・外国人
extranjero
エクストランヘロ

会社
compañía
コンパニア

会社員　*p26*
empleado
エンプレアド

懐中電灯
linterna
リンテルナ

ガイド・ガイドブック
guía
ギア

回復する
recuperar
レクペラール

買い物　*p42*
compra
コンプラ

改良する
mejorar
メホラール

会話
conversación
コンベルサシオン

買う　*p42*
comprar
コンプラール

飼う
criar
クリアール

返す
devolver
デボルベール

変える
cambiar
カンビアール

帰る
volver
ボルベール

顔　*p79*
cara
カラ

香り
olor
オロール

価格
precio
プレシオ

化学
química
キミカ

科学
ciencia
シエンシア

鏡
espejo
エスペホ

鍵　*p20,21,82*
llave
ジャベ

鍵をかける
echar la llave
エチャール ラ ジャベ

書留
correo certificado
コレオ セルティフィカド

書く
escribir
エスクリビール

隠す
esconder
エスコンデール

学生　*p26*
estudiante
エストゥディアンテ

学部
facultad
ファクルタッ

影
sombra
ソンブラ

賭ける
apostar
アポスタール

過去
pasado
パサド

傘　*p49,66*
paraguas
パラグアス

火山
volcán
ボルカン

菓子
dulce
ドゥルセ

歌詞
letras
レトゥラス

家事
quehaceres domésticos
ケアセレス ドメスティコス

火事
incendio
インセンディオ

賢い
inteligente
インテリヘンテ

カジノ
casino
カシノ

貸家
casa de alquiler
カサ デ アルキレール

歌手　*p77*
cantante
カンタンテ

貸す
prestar
プレスタール

数
número
ヌメロ

ガス　*p52,57*
gas
ガス

風　*p66*
viento
ビエント

風邪　*p78,80*
resfriado
レスフリアド

数える
contar
コンタール

家族
familia
ファミリア

ガソリン
gasolina
ガソリナ

ガソリンスタンド
gasolinera
ガソリネラ

肩　*p79*
hombro
オンブロ

硬い
duro
ドゥロ

形
forma
フォルマ

片道　*p15*
de ida
デイダ

片道切符　*p15*
billete de ida
ビジェテ デイダ

価値がある
valioso
バリオソ

家畜
animales domésticos
アニマレス ドメスティコス

勝つ　*p75*
ganar
ガナール

楽器
instrumento musical
インストゥルメント ムシカル

学校
escuela
エスクエラ

勝手な
egoísta
エゴイスタ

仮定する
suponer
スポネール

家庭
hogar
オガール

かて→きや

日本語	Español	カタカナ
カーテン	cortina	コルティナ
カード	tarjeta	タルヘタ
カトリック	católico	カトリコ
悲しい	triste	トリステ
必ず	sin falta	シン ファルタ
カニ p57,59	cangrejo	カングレホ
鐘	campana	カンパナ
金持ち	rico	リコ
可能な	posible	ポシブレ
彼女	ella	エジャ
カバン	bolsa, maletín	ボルサ、マレティン
株式会社	sociedad anónima (S.A.)	ソシエダッ アノニマ（エセ アー）
壁	pared	パレッ
カボチャ p60	calabaza	カラバサ
我慢する	soportar	ソポルタール
紙	papel	パペル
髪	cabello	カベジョ
神	dios	ディオス
カミソリ	maquinilla de afeitar	マキニジャ デ アフェイタル
噛む	morder	モルデール
カメラ	cámara	カマラ
カメラマン	fotógrafo	フォトグラフォ
かゆい p78	tener comezón	テネール コメソン
火曜日 p68	martes	マルテス
辛い p57	picante	ピカンテ
ガラス	cristal	クリスタル
体 p78	cuerpo	クエルポ
借りる	pedir prestado	ペディール プレスタド
軽い	ligero	リヘロ
彼	él	エル
彼ら	ellos	エジョス
カレンダー	calendario	カレンダリオ
皮	piel	ピエル
川	río	リオ
かわいい	bonito	ボニート
乾く	secarse	セカールセ
乾かす	secar	セカール
変わる	cambiar	カンビアール
ガン	cáncer	カンセル
考え	idea	イデア
考える	pensar	ペンサール
感覚	sentido	センティド
環境	ambiente	アンビエンテ
頑固	obstinado	オブスティナド
缶詰	lata	ラタ
関係	relación	レラシオン
観光 p28,32,36	turismo	トゥリスモ
観光客	turista	トゥリスタ
観光地	zona turística	ソナ トゥリスティカ
韓国	Corea	コレア
看護婦	enfermera	エンフェルメラ
感謝する	agradecer	アグラデセール
患者	paciente	パシエンテ
感情	sentimiento	センティミエント
勘定	cuenta	クエンタ
感心する	admirar	アドゥミラル
肝臓 p80	hígado	イガド
乾燥した	seco	セコ
寛大な	generoso	ヘネロソ
簡単な	fácil	ファシル
監督	director	ディレクトール
木	árbol	アルボル
気をつける	tener cuidado	テネール クイダド
黄色 p47	amarillo	アマリージョ
消える	desaparecer	デサパレセール
消える (火・明かりが)	apagarse	アパガールセ
気温	temperatura	テンペラトゥラ
機械	máquina	マキナ
機会	ocasión	オカシオン
着替える	cambiar de ropa	カンビアール デ ロパ
期間	período	ペリオド
気管支炎	bronquitis	ブロンキティス
聞く	escuchar	エスクチャール
機嫌	humor	ウモール
危険な	peligroso	ペリグロソ
聞こえる	oír	オイール
既婚 p27	casado	カサド
技術	técnica	テクニカ
キス	beso	ベソ
傷	herida	エリダ
傷つける	herir	エリール
規則	regla	レグラ
規制	regulación	レグラシオン
犠牲	sacrificio	サクリフィシオ
季節	estación	エスタシオン
北 p13	norte	ノルテ
ギター p76	guitarra	ギターラ
期待する	esperar	エスペラール
汚い	sucio	スシオ
貴重品	objetos de valor	オブヘトス デ バロール
きつい p46	estrecho	エストゥレチョ
喫煙者 p18	fumador	フマドール
喫茶店	cafetería	カフェテリア
切手 p52	sello	セジョ
切符 p11,14,15	billete	ビジェテ
機内持ち込み荷物	equipaje de mano	エキパヘ デ マノ
記入する	rellenar	レジェナール
絹 p47	seda	セダ
記念	conmemoración	コンメモラシオン
記念日	aniversario	アニベルサリオ
昨日 p68	ayer	アジェール
厳しい	riguroso	リグロソ
寄付する	contribuir	コントゥリブイル
希望	esperanza	エスペランサ
奇妙な	extraño	エストゥラニョ
義務	deber	デベール
決める	decidir	デシディール
気持ち	sentimiento	センティミエント
疑問	cuestión	クエスティオン
客	cliente	クリエンテ
キャッシュカード	tarjeta de banco	タルヘタ デ バンコ
キャンセルする	anular	アヌラール
休暇	vacaciones	バカシオネス

きゆ→けつ

救急車 *p78* **ambulancia** アンブランシア	許可 **permiso** ペルミソ	勤勉な **laborioso** ラボリオソ	口紅 *p49* **pintalabios** ピンタラビオス	黒い *p47* **negro** ネグロ	怪我 *p78,83* **herida** エリダ
休憩 **descanso** デスカンソ	去年 *p68* **año pasado** アニョ パサド	金曜日 *p68* **viernes** ビエルネス	靴 *p45,46* **zapatos** サパトス	苦労する **afanarse** アファナルセ	外科 *p80* **cirugía** シルヒア
急行列車 *p15* **tren expreso** トレン エクスプレソ	距離 **distancia** ディスタンシア	区域 **barrio** バリオ	靴屋 *p43,45* **zapatería** サパテリア	加える **añadir** アニャディール	毛皮 **piel** ピエル
休日 **dia festivo** ディア フェスティボ	霧 **niebla** ニエブラ	食いしんぼう **goloso** ゴロソ	靴下 *p44* **calcetines** カルセティネス	詳しい **detallado** デタジャド	劇・劇場 *p76* **teatro** テアトゥロ
宮殿 **palacio** パラシオ	着る **vestirse** ベスティルセ	空気 **aire** アイレ	国 **pais** パイス	毛 **pelo** ペロ	ケーキ *p43,61* **pastel** パステル
牛肉 *p58* **ternera** テルネラ	切る **cortar** コルタール	空港 *p8,9,10,11* **aeropuerto** アエロプエルト	首 *p79* **cuello** クエジョ	経営する **administrar** アドゥミニストゥラール	今朝 **esta mañana** エスタ マニャーナ
牛乳 *p57* **leche** レチェ	きれいな **bonito** ボニート	9月 *p69* **septiembre** セプティエンブレ	首になる（解雇） **ser despedido** セール デスペディド	計画 **plan** プラン	下剤 **purga** プルガ
急用 **asunto urgente** アスント ウルヘンテ	キログラム **kilogramo, kg** キログラモ （カーヘー／キロ）	草 **hierba** イエルバ	雲 **nube** ヌベ	経験 **experiencia** エクスペリエンシア	景色 **paisaje** パイサヘ
給料 **salario** サラリオ	キロメートル **kilómetro, km** キロメトロ（カエメ）	くさい **oler mal** オレール マル	曇り *p66* **nublado** ヌブラド	経済・経済学 **economia** エコノミア	消しゴム **goma de borrar** ゴマ デ ボラール
今日 *p68* **hoy** オイ	金 **oro** オロ	腐る **pudrirse** プドゥリールセ	暗い **oscuro** オスクロ	経済的な **económico** エコノミコ	化粧する **maquillar** マキジャール
教育 **educación** エドゥカシオン	銀 **plata** プラタ	櫛 （くし） **peine** ペイネ	クラスメート **compañero de colegio** コンパニェロ デ コレヒオ	警察・警察官 *p83* **policía** ポリシア	化粧品 *p43* **maquillaje** マキジャヘ
教会 *p29* **iglesia** イグレシア	禁煙する **no fumar** ノ フマール	苦情を言う **quejarse** ケハルセ	比べる **comparar** コンパラール	警察署 *p12* **comisaría** コミサリア	消す（火・灯かりを） **apagar** アパガール
競技場 **estadio** エスタディオ	禁煙席 *p14,18,55* **asiento para no fumadores** アシエント パラ ノ フマドレス	くすぐったい **cosquilloso** コスキジョソ	グラム **gramo** グラモ	計算する **calcular** カルクラル	血圧 *p80* **presión sanguínea** プレシオン サンギネア
教師 *p26* **profesor** プロフェソール	緊急の **urgente** ウルヘンテ	薬 *p78* **medicina** メディシナ	繰り返す **repetir** レペティール	芸術 **arte** アルテ	血液型 *p80* **tipo de sangre** ティポ デ サングレ
行事 **evento** エベント	銀行 *p12,21* **banco** バンコ	薬屋 *p50* **farmacia** ファルマシア	クリスマス *p66* **navidad** ナビダッ	芸術家 **artista** アルティスタ	結果 **resultado** レスルタド
兄弟 **hermano** エルマノ	禁止されている *p25* **prohibido** プロイビド	果物 *p50* **fruta** フルタ	来る **venir** ベニール	芸術品 **obra de arte** オブラ デ アルテ	結核 **tuberculosis** トゥベルクロシス
郷土料理 **cocina local** コシナ ロカル	近所の／隣人 **vecino** ベシーノ	くだらない **fútil** フティル	苦しい **doloroso** ドロロソ	携帯電話 **teléfono móvil** テレフォノ モビル	月経 **menstruación** メンストゥルアシオン
興味がある **interesar** インテレサール	筋肉 *p79* **músculo** ムスクロ	口 *p79* **boca** ボカ	くるぶし **tobillo** トビージョ	経費 **gastos** ガストス	結婚する *p27* **casarse** カサールセ
協力する **colaborar** コラボラール		唇 *p79* **labios** ラビオス	クレジットカード *p14,17,19,43,55,83* **tarjeta de crédito** タルヘタ デ クレディト	契約書 **contrato** コントラト	結婚式 **boda** ボダ

けつ→こん

欠席
ausencia
アウセンシア

月曜日 p68
lunes
ルーネス

解熱剤 p81
antipirético
アンティピレティコ

煙い
ahumado
アウマド

煙
humo
ウモ

下痢どめ p78
antidiarréico
アンティディアレイコ

蹴る
dar patadas
ダール パタダス

原因
causa
カウサ

喧嘩する
pelear
ペレアール

見学する
visitar
ビシタール

研究する
investigar
インベスティガール

健康
salud
サルー

現在
presente
プレセンテ

検査 p80,81
inspección
インスペクシオン

建築
arquitectura
アルキテクトゥラ

権利
derecho
デレチョ

5月 p69
mayo
マジョ

濃い p47
oscuro
オスクロ

恋する
querer
ケレール

恋人
novio
ノビオ

子犬
cachorro(rra)
カチョロロ
（カチョルラ）

公園
p28,29,32,36
parque
パルケ

効果
efecto
エフェクト

硬貨
moneda
モネダ

豪華な
lujoso
ルホソ

後悔する
arrepentirse
アレペンティルセ

公害
polución
ポルシオン

郊外
afueras
アフエラス

交換する
cambiar
カンビアール

好奇心
curiosidad
クリオシダッ

抗議する
protestar
プロテスタール

興行
espectáculo
エスペクタクロ

航空券 p83
billete de avión
ビジェテ デ アビオン

航空会社 p83
compañía de avión
コンパニア デ アビオン

航空便
correo aéreo
コレオ アエレオ

高血圧 p80
hipertensión
イペルテンシオン

高校
escuela superior
エスクエラ スペリオール

広告
publicidad
ププリシダッ

口座番号
número de cuenta
ヌメロ デ クエンタ

交差点 p13
cruce
クルセ

工事中
en curso de
construcción
エン クルソ デ
コンストゥルクシオン

公衆電話 p8
teléfono público
テレフォノ ププリコ

交渉する
negociar
ネゴシアール

工場
fábrica
ファブリカ

香水 p49
perfume
ペルフメ

高層ビル
rascacielos
ラスカシエロス

高速道路
autopista
アウトピスタ

紅茶 p48,61
té
テー

交通
tráfico
トラフィコ

交通事故 p83
accidente de tráfico
アクシデンテ デ
トラフィコ

強盗 p83
robo
ロボ

興奮する
excitarse
エクシタルセ

公務員 p26
funcionario público
フンシオナリオ ププリコ

交流
intercambio
インテルカンビオ

声
voz
ボス

氷
hielo
イエロ

小切手
cheque
チェケ

故郷
patria
パトゥリア

国際電話
llamada internacional
ジャマダ
インテルナシオナル

国籍
nacionalidad
ナシオナリダッ

国民
pueblo
プエブロ

ここ
aquí
アキー

午後 p65
tarde
タルデ

心
corazón
コラソン

腰 p79
cintura
シントゥラ

胡椒 p56
pimienta
ピミエンタ

個人の
individual
インディビドゥアル

小銭
suelto
スエルト

午前 p65
mañana
マニャーナ

答える
responder
レスポンデール

国旗
bandera nacional
バンデラ ナシオナル

国境
frontera
フロンテラ

コック
cocinero
コシネロ

骨折 p78
fractura
フラクトゥラ

小包
paquete
パケテ

コップ p56
vaso
バソ

コート p44
abrigo
アブリゴ

孤独な
solitario
ソリタリオ

今年 p68
este año
エステ アニョ

言葉
lengua
レングア

子供
niño
ニーニョ

ことわざ
proverbio
プロベルビオ

断る
rehusar
レウサール

この
este
エステ

コーヒー p61
café
カフェ

コピーする
copiar
コピアール

困る
estar en apuros
エスタール エン
アプロス

ゴミ
basura
バスーラ

ゴミ箱
cubo de basura
クボ デ バスーラ

小麦粉
harina
アリーナ

米 p61
arroz
アロス

ごめんなさい p23
lo siento
ロ シエント

これ
esto
エスト

殺す
matar
マタール

転ぶ
caer
カエール

恐い
horrible
オリブレ

壊す
romper
ロンペール

壊れる
romperse
ロンペルセ

今回
esta vez
エスタ ベス

今月 p68
este mes
エステ メス

コンサート
concierto
コンシエルト

今週 p68
esta semana
エスタ セマナ

コンセント
enchufe
エンチュフェ

コンタクトレンズ
lentillas
レンティージャス

コンドーム
preservativo
プレセルバティボ

今晩 p54
esta noche
エスタ ノチェ

コンピューター
ordenador
オルデナドール

婚約する
prometerse
プロメテルセ

95

さい→しめ

さ行

再会する volver a verse ボルベール ア ベルセ	**探す** *p12,32,35,42,44* buscar ブスカール	**雑誌** *p52* revista レビスタ	**市** ciudad シウダッ	**静かな** *p18* tranquilo トランキーロ	**CD** *p52* CD セーデー
差がある hay diferencia アイ ディフェレンシア	**魚** pez ペス	**砂糖** *p53,56* azúcar アスカル	**試合** partido パルティド	**施設** institución インスティトゥシオン	**自転車** bicicleta ビシクレタ
最近 recientemente レシエンテンメテ	**魚（食用）** *p50,54,59* pescado ペスカド	**寂しい** solitario ソリタリオ	**幸せ** felicidad フェリシダッ	**自然** naturaleza ナトゥラレサ	**自動車** automóvil アウトモビル
細菌 microbio ミクロビオ	**下がる** bajar バハール	**サービス料** servicio セルビシオ	**寺院** templo テンプロ	**しそ** ajedrea アヘドレア	**自動販売機** máquina expendedora マキナ エクスペンデドラ
最後 *p50* último ウルティモ	**咲く** florecer フロレセール	**寒い** *p17,66* frio フリオ	**塩** *p48,56* sal サル	**子孫** descendientes デセンディエンテス	**死ぬ** morir モリール
最高の supremo スプレモ	**昨晩** anoche アノチェ	**冷める** enfriarse エンフリアルセ	**塩辛い** *p56* salado サラド	**舌** *p79* lengua レングア	**支配人** gerente ヘレンテ
祭日 día festivo ディア フェスティボ	**桜** cerezo セレソ	**皿** *p56* plato プラト	**市外局番** indicativo interurbano インディカティボ インテルウルバノ	**時代遅れ** pasado de moda パサド デ モダ	**しばしば** a menudo ア メヌド
最初 primero プリメロ	**酒** bebida alcohólica ベビダ アルコオリカ	**サラダ** *p58* ensalada エンサラダ	**四角** cuadrado クアドゥラド	**下着** *p44* ropa interior ロパ インテリオール	**縛る** atar アタール
最小 mínimo ミニモ	**酒飲み** bebedor ベベドール	**触る** tocar トカール	**4月** *p69* abril アブリル	**下に** abajo アバホ	**耳鼻咽喉科** *p80* otorrinolaringólogo オトリノラリンゴロゴ
菜食 vegetariano ベヘタリアノ	**叫ぶ** gritar グリタール	**三角** triángulo トゥリアングロ	**時間** *p64* hora オラ	**7月** *p69* julio フリオ	**紙幣** billete ビジェテ
最新 último ウルティモ	**避ける** evitar エビタール	**3月** *p69* marzo マルソ	**四季** cuatro estaciones クアトロ エスタシオネス	**失業している** desempleado デセンプレアド	**脂肪** grasa グラサ
サイズ *p45,46* tamaño タマニョ	**差出人** remitente レミテンテ	**算数** aritmética アリトゥメティカ	**試験** examen エクサメン	**試着する** *p42,46* probarse プロバールセ	**島** isla イスラ
最大 máximo マクシモ	**座席** *p70,75* asiento アシエント	**サンダル** *p45* sandalias サンダリアス	**事故** accidente アクシデンテ	**シーツ** sábana サバナ	**姉妹** hermana エルマナ
才能 talento タレント	**座席番号** *p70,75* número de asiento ヌメロ デ アシエント	**サンドイッチ（バゲットの）** *p62* bocadillo ボカディージョ	**時刻表** *p15* horario オラリオ	**しつこい** persistente ペルシステンテ	**しまう** guardar グアルダール
財布 *p49,83* cartera カルテラ	**誘う** invitar インビタール	**散髪する** cortarse el pelo コルタールセ エル ベロ	**仕事** *p26* trabajo トラバホ	**湿度** humedad ウメダッ	**地味な** simple シンプレ
材料 material マテリアル	**撮影禁止** prohibido sacar fotos プロイビド サカール フォトス	**産婦人科** tocólogo y ginecólogo トコロゴ イ ヒネコロゴ	**時差** diferencia de hora ディフェレンシア デ オラ	**失敗** fallo ファジョ	**事務所** oficina オフィシナ
サイン firma フィルマ	**サッカー** *p74* fútbol フッボル	**散歩する** pasearse パセアールセ	**辞書** diccionario ディクシオナリオ	**湿布** *p78* compresa コンプレサ	**氏名** apellido y nombre アペジード イ ノンブレ
	さっき antes アンテス	**詩** poema ポエマ	**地震** terremoto テレモト	**質問** pregunta プレグンタ	**湿った** húmedo ウメド
				失礼な descortés デスコルテス	

しゃ→すつ

閉める *p17,28,65* cerrar セラール	宗教 religión レリヒオン	趣味 gusto グスト	証明書 certificado セルティフィカド	申告 declaración デクララシオン	新聞 *p20,52* periódico ペリオディコ
地面 suelo スエロ	住所 *p11,84* dirección ディレクシオン	種類 tipo ティポ	正面 *p13* frente フレンテ	新婚 recién casados レシエン カサドス	じんましん *p78* urticaria ウルティカリア
社会 sociedad ソシエダッ	渋滞 atasco アタスコ	準備する preparar プレパラール	醤油 salsa de soja サルサ デ ソハ	新婚旅行 luna de miel ルナ デ ミエル	親友 mejor amigo メホール アミゴ
ジャガイモ *p60,63* patata パタタ	集中する concentrarse コンセントラールセ	紹介する presentar プレセンタール	将来 futuro フトゥロ	診察する examinar エクサミナール	信頼する confiar コンフィアール
市役所 ayuntamiento アジュンタミエント	収入 ingresos イングレソス	正月 año nuevo アニョ ヌエボ	使用料 tarifa タリファ	真実 verdad ベルダッ	酢 *p56* vinagre ビナグレ
写真 *p25,71,77,84* fotografía フォトグラフィア	充分 bastante バスタンテ	小学校 escuela primaria エスクエラ プリマリア	食事 *p54* comida コミダ	真珠 perla ペルラ	水泳 natación ナタシオン
社長 presidente プレシデンテ	修理する reparar レパラール	乗客 pasajero パサヘロ	食堂 *p19* comedor コメドール	人種 raza ラサ	推薦 recomendación レコメンダシオン
シャツ *p44* camisa カミサ	授業 clase クラセ	条件 condición コンディシオン	植物 planta プランタ	人種差別 discriminación racial ディスクリミナシオン ラシアル	スイッチ interruptor インテルプトール
借金 deuda デウダ	宿題 deberes デベレス	証拠 prueba プルエバ	植物園 jardín botánico ハルディン ボタニコ	信じる creer クレエール	水道 fontanería フォンタネリア
ジャーナリスト periodista ペリオディスタ	宿泊客 huésped ウエスペ	正午 mediodía メディオディア	女性 *p46* mujer ムヘール	ジーンズ *p44* vaqueros バケロス	水道水 agua corriente アグア コリエンテ
シャワー *p9,18* ducha ドゥチャ	手術 *p80* operación オペラシオン	上司 jefe ヘフェ	書類 papeles パペレス	親戚 pariente パリエンテ	水曜日 *p68* miércoles ミエルコレス
シャンプー *p20* champú チャンプー	首相 primer ministro プリメル ミニストゥロ	少女 chica チカ	知らせる informar インフォルマール	親切な amable アマブレ	数字 número ヌメロ
自由 libertad リベルタッ	ジュース zumo スモ	招待 invitación インビタシオン	調べる investigar インベスティガール	新鮮 fresco フレスコ	スカート *p44,76* falda ファルダ
週 *p68* semana セマナ	出血 *p78* hemorragia エモラヒア	消毒 desinfección デスインフェクシオン	知る saber, conocer サベール、コノセール	(私は) 好き (me) gusta メ グスタ	スキー *p36* esquí エスキー
10月 *p69* octubre オクトゥブレ	出国 emigración エミグラシオン	少年 chico チコ	白 *p36,47* blanco ブランコ	心臓 *p80* corazón コラソン	すぐに pronto プロント
11月 *p69* noviembre ノビエンブレ	出発する *p14,15* salir サリール	商売 comercio コメルシオ	城 castillo カスティージョ	腎臓 *p80* riñón リニョン	少し *p17,79* un poco ウン ポコ
12月 *p69* diciembre ディシエンブレ	出発時間 *p14,15* hora de salida オラ デ サリダ	商品 mercancía メルカンシア	シングルルーム *p18* habitación individual アビタシオン インディビドゥアル	寝台車 coche-cama コチェ カマ	涼しい fresco フレスコ
習慣 costumbre コストゥンブレ	首都 capital カピタル	城壁 muralla ムラジャ	人口 población ポブラシオン	身体障害者 lisiado リシアド	身長 estatura エスタトゥラ
	主婦 *p26* ama de casa アマ デ カサ	情報 información インフォルマシオン		心配する preocuparse プレオクパールセ	雀 gorrión ゴルリオン

97

すつ→たい

日本語	Español	カタカナ
スター	estrella	エストゥレジャ
スチュワーデス *p26*	azafata	アサファタ
スーツ	traje	トラヘ
スーツケース	maleta	マレタ
頭痛 *p81*	dolor de cabeza	ドロール デ カベサ
ずっと *p79*	siempre	シエンプレ
すっぱい *p56*	ácido	アシド
ステーキ	bistec	ビステク
捨てる	abandonar	アバンドナール
ストッキング	medias	メディアス
ストライキ	huelga	ウエルガ
ストロー	pajita	パヒータ
スパイス	especia	エスペシア
スーパーマーケット *p12,21,48,48*	supermercado	スペルメルカド
素晴らしい *p25*	magnífico	マグニフィコ
スピード	velocidad	ベロシダッ
スープ *p58*	sopa	ソパ
スプーン *p56*	cuchara	クチャラ

日本語	Español	カタカナ
スペイン *p27*	España	エスパーニャ
すべて	todo	トド
スポーツ	deporte	デポルテ
ズボン *p44*	pantalones	パンタロネス
すみません *p24,29*	lo siento	ロ シエント
住む	vivir	ビビール
スリ	ratero	ラテロ
座る	sentarse	センタールセ
寸法	medida	メディダ
性格	carácter	カラクテル
正確な	correcto	コレクト
生活	vida	ビダ
生活費	gasto de vida	ガスト デ ビダ
正義	justicia	フスティシア
請求書	factura	ファクトゥラ
税金	impuesto	インプエスト
清潔な	limpio	リンピオ
制限	límite	リミテ
生産する	producir	プロドゥシール

日本語	Español	カタカナ
成績	resultado	レスルタド
贅沢な	lujoso	ルホソ
成長する	crecer	クレセール
生徒	estudiante	エストゥディアンテ
青年	joven	ホベン
生年月日	fecha de nacimiento	フェチャ デ ナシミエント
政府	gobierno	ゴビエルノ
生命	vida	ビダ
西洋	Occidente	オクシデンテ
西洋人	occidental	オクシデンタル
生理用品	compresa higiénica	コンプレサ イヒエニカ
背負う	cargar	カルガール
世界	mundo	ムンド
席 *p15,55,70,75*	asiento	アシエント
咳 *p78,81*	tos	トス
責任がある	responsable	レスポンサブレ
石油	petróleo	ペトロレオ
セクシー	seductor	セドゥクトル
セーター *p44*	jersey	ヘルセイ

日本語	Español	カタカナ
積極的	positivo	ポシティボ
石鹸 *p20,73,82*	jabón	ハボン
絶対に	absolutamente	アブソルタメンテ
説明	explicación	エクスプリカシオン
節約する	ahorrar	アオラール
設立	establecimiento	エスタブレシミエント
狭い	estrecho	エストゥレチョ
ゼロ *p40*	cero	セロ
セロテープ	cinta adhesiva	シンタ アデシバ
世話する	cuidar	クイダール
千 *p40*	mil	ミル
線	línea	リネア
全員	todos	トドス
先月 *p68*	mes pasado	メス パサド
先日	otro día	オートロ ディア
洗剤	detergente	デテルヘンテ
選手 *p74*	jugador	フガドール
先週	semana pasada	セマナ パサダ
前世	existencia	エクシステンシア

日本語	Español	カタカナ
先生	profesor	プロフェソール
先祖	antepasado	アンテパサド
戦争	guerra	ゲラ
洗濯する	lavar	ラバール
栓抜き	abrebotellas	アブレボテジャス
全部	todo	トド
掃除	limpieza	リンピエサ
葬式	funerales	フネラレス
想像する	imaginar	イマヒナール
相談	consulta	コンスルタ
速達	correo urgente	コレオ ウルヘンテ
そこ	ahí	アイー
卒業	graduación	グラドゥアシオン
外	fuera	フエラ
祖父	abuelo	アブエロ
祖母	abuela	アブエラ
剃る	afeitarse	アフェイタールセ
それから	desde entonces	デスデ エントンセス
それら	esos	エソス

日本語	Español	カタカナ
損害	daño	ダニョ
尊敬する	respetar	レスペタール

た行

ダイエット	dieta	ディエタ
体温	temperatura	テンペラトゥラ
体温計	termómetro	テルモメトロ
大学	universidad	ウニベルシダッ
大学生	estudiante de universidad	エストゥディアンテ デ ウニベルシダッ
大工	carpintero	カルピンテロ
大使館 *p12*	embajada	エンバハダ
体重	peso	ペソ
大丈夫 *p83*	no problema	ノ プロブレマ
退職 *p26*	retiro	レティロ
大切	importante	インポルタンテ
大統領	presidente	プレシデンテ
台所	cocina	コシナ

たい→てい

台風 tifón ティフォン	助ける ayudar アジュダール	試す probar プロバール	チェックアウト p19 salida サリダ	駐車禁止 prohibido aparcar プロイビド アパルカール	捕まえる arrestar アレスタール
大便 excremento エクスクレメント	正しい correcto コレクト	頼る contar con コンタール コン	チェックイン p19 recepción レセプシオン	駐車場 aparcamiento アパルカミエント	疲れる cansarse カンサールセ
逮捕する arrestar アレスタール	立入禁止 se prohíbe la entrada セ プロイベ ラ エントラダ	足りる suficiente スフィシエンテ	地下 subterráneo スブテラネオ	昼食 p64 comida コミダ	疲れた cansado カンサド
ダイヤモンド diamante ディアマンテ	立つ estar de pie エスタール デ ピエ	誰 quién キエン	地下鉄 p8,9 metro メトロ	中心 centro セントロ	月 luna ルナ
太陽 p36 sol ソル	建物 p39 edificio エディフィシオ	痰 esputo エスプト	近い p13,29 cerca セルカ	注文する p55 pedir ペディール	次 próximo プロクシモ
代理人 substituto スプスティトゥト	建てる construir コンストゥルイール	短期 corto plazo コルト プラソ	違い diferencia ディフェレンシア	腸 p80 intestinos インテスティノス	机 escritorio エスクリトリオ
耐える tolerar トレラール	たとえば por ejemplo ボル エヘンプロ	単語 palabra パラブラ	近づく acercarse アセルカールセ	蝶 mariposa マリポサ	作る hacer アセール
タオル p20 toalla トアジャ	楽しい divertido ディベルティード	短所 defecto デフェクト	遅刻する llegar tarde ジェガール タルデ	長所 mérito メリト	包む envolver エンボルベール
倒れる caer カエール	楽しむ disfrutar ディスフルタール	誕生日 p23 cumpleaños クンプレアニョス	地図 p12,20,28,31 mapa マパ	朝食 p9,19,64 desayuno デサジュノ	つなぐ conectar コネクタール
高い（高さ） alto アルト	頼む pedir ペディール	ダンス baile バイレ	父 padre パドゥレ	調整する ajustar アフスタール	妻 mujer ムヘール
高い（値段） caro カロ	タバコ p52 tabaco タバコ	男性 p46 hombre オンブレ	地方 región レヒオン	ちょうど p64 justo フスト	つまらない aburrido アブリド
宝くじ p43 lotería ロテリア	タバコを吸う fumar フマール	団体 grupo グルポ	茶 p48,61 té テー	治療する curar クラール	罪 pecado ペカド
抱く abrazar アブラサール	ダブルルーム p18 habitación doble アビタシオン ドブレ	暖房 calefacción カレファシオン	茶色 p47 marrón マロン	鎮痛剤 p81 calmante カルマンテ	爪 p79 uña ウニャ
たくさん mucho ムチョ	食べる comer コメール	血 p81 sangre サングレ	着陸 aterrizaje アテリサヘ	ツアー p33 viaje organizado ビアヘ オルガニサド	冷たい frío フリオ
タクシー p8,9,10,11,13,32 taxi タクシ	食べ物 comida コミダ	痔 hemorroides エモロイデス	注意 cuidado クイダド	追加する añadir アニャディール	強い p66 fuerte フエルテ
タクシー乗り場 p8,12,13 parada de taxi パラダ デ タクシ	卵 p51,57 huevo ウエボ	地域 zona ソナ	中学校 escuela secundaria エスクエラ セクンダリア	追跡する perseguir ベルセギール	釣り pesca ペスカ
確かな (sure) seguro セグロ	騙す engañar エンガニャール	小さい p45,52 pequeño ペケニョ	注射 p80 inyección インジェクシオン	通過する pasar パサール	手 p79 mano マノ
確かめる confirmar コンフィルマール	タマネギ p60 cebolla セボジャ	注射...		通訳する interpretar インテルプレタール	手洗い lavabo ラバボ
		チーズ p51,58,63 queso ケソ		使う usar ウサール	提案 propuesta プロプエスタ
		チェック（小切手） cheque チェケ	駐車する aparcar アパルカール		

てか→なつ

テイクアウト用
para llevar
パラ ジェバール

Tシャツ *p44*
camiseta
カミセタ

ティッシュペーパー
pañuelo de papel
パニュエロ デ パペル

停留所
parada
パラダ

出かける
salir
サリール

手紙 *p84*
carta
カルタ

～できない
no poder ～
ノ ポデール

～できる
poder ～
ポデール

出口
salida
サリダ

デザイン
diseño
ディセニョ

デザート
postre
ポストレ

手数料
comisión
コミシオン

手伝う
ayudar
アジュダール

鉄道
ferrocarril
フェロカリル

テニス
tenis
テニス

手荷物
equipaje de mano
エキパヘ デ マノ

デパート *p43,48*
grandes almacenes
グランデス アルマセネス

テーブル
mesa
メサ

出る
salir
サリール

テレビ *p18,82*
televisor
テレビソール

店員 *p26*
dependiente
デペンディエンテ

天気 *p66*
tiempo
ティエンポ

天気予報
parte meteorológico
パルテ メテオロロヒコ

電気 *p82*
electricidad
エレクトゥリシダッ

電圧
voltaje
ボルタヘ

伝言
recado
レカド

電車 *p8,10*
tren
トレン

天井
techo
テチョ

添乗員
guía
ギア

伝染病
enfermedad infecciosa
エンフェルメダッ
インフェクシオサ

電池
pila
ピラ

電灯
luz
ルス

伝統的 *p54*
tradicional
トラディシオナル

電話 *p20,82*
teléfono
テレフォノ

電話帳
páginas amarillas
パヒナス アマリージャス

電話番号 *p84*
número de teléfono
ヌメロ デ テレフォノ

ドア *p21*
puerta
プエルタ

トイレ
p8,12,20,55,82
servicio
セルビシオ

トイレットペーパー
p20,82
papel higiénico
パペル イヒエニコ

陶器 *p49*
cerámica
セラミカ

東京
Tokio
トキオ

当日券
entrada para hoy
エントラダ
パラ オイ

同情
compasión
コンパシオン

到着する *p14,15*
llegar
ジェガール

到着時刻 *p14,15*
hora de llegada
オラ デ ジェガダ

盗難 *p83*
robo
ロボ

闘牛
p29,37,70,73
toros
トロス

糖尿病
diabetes
ディアベテス

同封する
incluir
インクルイール

動物
animal
アニマル

動物園
zoológico
ソーロヒコ

登録する
registrar
レヒストラール

遠い *p13,29*
lejos
レホス

通り *p32*
calle
カジェ

独学する
estudiar a solas
エストゥディアール
ア ソラス

特産物
especialidad
エスペシアリダッ

読書
leer
レエール

独身
soltero
ソルテロ

特徴
carácter
カラクテル

時計
reloj
レロッ

どこ *p10,12,14,16*
dónde
ドンデ

都市
ciudad
シウダッ

歳 *p27*
edad
エダッ

図書館
biblioteca
ビブリオテカ

閉じる *p17,28,65*
cerrar
セラール

トースト
tostada
トスタダ

土地
terreno
テレノ

飛ぶ
volar
ボラール

徒歩で
a pie
ア ピエ

トマト *p60,73*
tomate
トマテ

止まる
parar
パラール

泊まる *p18*
alojarse
アロハールセ

友達
amigo
アミゴ

土曜日 *p68*
sábado
サバド

ドライクリーニング
lavado en seco
ラバド エン セコ

ドライヤー *p20*
secador de pelo
セカドール デ ペロ

トラック
camión
カミオン

トラベラーズチェック
cheque de viaje
チェケ デ ビアヘ

トランプ
naipes
ナイペス

鳥
pájaro
パハロ

取り替える
cambiar
カンビアール

取り消す
anular
アヌラール

鶏肉 *p51,58*
pollo
ポジョ

努力する
esforzarse
エスフォルサールセ

ドル *p41*
dólar
ドラル

どれ?
¿Cuál?
クアル

泥棒
ladrón
ラドロン

トンネル
túnel
トゥネル

な行

無い
no hay
ノ アイ

内線
extensión
エクステンシオン

ナイフ *p56*
cuchillo
クチージョ

内容
contenido
コンテニド

直す
corregir
コレヒール

治る
curarse
クラールセ

中
interior
インテリオール

長い *p46*
largo
ラルゴ

長い間
largo tiempo
ラルゴ ティエンポ

眺めがいい *p18*
buena vista
ブエナ ビスタ

泣き言
queja
ケハ

泣く
llorar
ジョラール

なくす
perder
ペルデール

なぐる
golpear
ゴルペアール

茄子 *p60*
berenjena
ベレンヘナ

なぜ?
¿Por qué?
ポル ケー

なぜならば
porque
ポルケ

夏 *p67*
verano
ベラノ

---

(100)

なつ→はた

夏休み p66	肉 p51,54	人気がある	眠る	は行	爆弾

夏休み p66 vacaciones de verano バカシオネス デ ベラノ

なつかしい nostálgico ノスタルヒコ

何? ¿Qué? ケー

鍋 cazuela カスエラ

生 crudo クルド

名前 p26,84 nombre ノンブレ

涙 lágrima ラグリマ

悩む preocuparse プレオクパールセ

習う aprender アプレンデール

慣れる acostumbrarse アコストゥンブラールセ

何個 cuántos クアントス

何時 qué hora ケ オラ

何時間 cuántas horas クアンタス オラス

何種類 cuántos tipos クアントス ティポス

何人 p41 cuántas personas クアンタス ペルソナス

2月 p69 febrero フェブレロ

苦い p56 amargo アマルゴ

にぎやかな animado アニマド

握る agarrar アガラール

肉 p51,54 carne カルネ

逃げる escapar エスカパール

西 p13 oeste オエステ

偽物 imitación イミタシオン

日曜日 p68 domingo ドミンゴ

日記 diario ディアリオ

似ている parecido パレシド

日本 p27,52 Japón ハポン

日本円 p41 yen ジェン

日本食 cocina japonesa コシナ ハポネサ

日本酒 sake サケ

荷物 p17,19 equipaje エキパヘ

入国 inmigración イミグラシオン

入場料 p28 entrada エントラダ

ニュース noticia ノティシア

尿 p81 orina オリナ

煮る p59 cocer コセール

庭 jardín ハルディン

鶏 gallo ガジョ

人気がある popular ポプラール

人形 muñeca ムニェカ

人間 hombre オンブレ

妊娠している p80,81 embarazada エンバラサーダ

人数 número de personas ヌメロ デ ペルソナス

ニンニク p58,60 ajo アホ

縫いぐるみ peluche ペルチェ

抜く sacar サカール

脱ぐ quitarse キタールセ

盗む robar ロバール

塗る pintar ピンタール

値打ちがある valer バレール

ネクタイ p45 corbata コルバタ

猫 gato ガト

鼠 rata ラタ

値段 p41 precio プレシオ

熱がある p78 tener fiebre テネール フィエブレ

値引き descuento デスクエント

眠い tener sueño テネール スエニョ

眠る dormir ドルミール

寝る p64 acostarse アコスタールセ

年賀 felicitaciones (de año nuevo) フェリシタシオネス (デ アニョ ヌエボ)

年金 pensión ペンシオン

年収 ingresos anuales イングレソス アヌアレス

年齢 edad エダッ

脳 sesos セソス

農業 agricultura アグリクルトゥラ

能力 capacidad カパシダッ

望む desear デセアール

ノート cuaderno クアデルノ

のど p79 garganta ガルガンタ

のどが乾く tener sed テネール セッ

飲む beber ベベール

飲み物 bebida ベビダ

乗る p8,9,10,11 tomar トマール

歯 p79 diente ディエンテ

葉 hoja オハ

バー bar バル

肺 p80 pulmón プルモン

捻挫する p78 torcerse トルセルセ

はい（肯定）p23,29 sí シ

灰色 p47 gris グリス

肺炎 p80 pulmonía プルモニア

ハイキング caminata カミナタ

灰皿 cenicero セニセロ

歯医者 p26 dentista デンティスタ

配達する distribuir ディストゥリブイール

俳優 actor アクトール

入る entrar エントラル

ハエ mosca モスカ

墓 tumba トゥンバ

吐く vomitar ボミタール

吐き気 p78 náuseas ナウセアス

履く calzarse カルサルセ

爆弾 bomba ボンバ

爆竹 p72 petardo ペタルド

博物館 p29 museo ムセオ

バーゲン p42 rebajas レバハス

箱 caja カハ

運ぶ llevar ジェバール

橋 puente プエンテ

箸 p56 palillos パリージョス

始める p65 empezar エンペサール

初めて primera vez プリメラ ベス

場所 lugar ルガール

破傷風 tétano テタノ

走る correr コレール

バス p8,9,10,14,36 autobús アウトブス

恥ずかしい vergonzoso ベルゴンソソ

パスポート p19,83 pasaporte パサポルテ

パソコン ordenador オルデナドール

バター mantequilla マンテキージャ

はち→ふつ

働く trabajar トラバハール	**春** *p36,67* primavera プリマベラ	**半日** medio día メディオ ディア	**秘書** secretario セクレタリオ	**病院** *p78,80* hospital オスピタル	**夫婦** matrimonio マトリモニオ
8月 *p69* agosto アゴスト	**貼る** pegar ペガール	**犯人** criminal クリミナル	**非常口** salida de emergencia サリダ デ エメルヘンシア	**病気** *p78* enfermedad エンフェルメダッ	**封筒** sobre ソブレ
ハチミツ miel ミエル	**晴れ** *p66* buen tiempo ブエン ティエンポ	**パンフレット** folleto フォジェト	**左** *p13* izquierda イスキエルダ	**表現する** expresar エクスプレサール	**フェリー** transbordador トランスボルダドール
発音 *p24* pronunciación プロヌンシアシオン	**パン** *p43,50* pan パン	**半分** mitad ミタッ	**引っ越す** mudarse ムダールセ	**日焼け止め** protección solar プロテクシオン ソラール	**増える** aumentarse アウメンタルセ
発車時刻 hora de salida オラ デ サリダ	**晩** noche ノチェ	**火** fuego フエゴ	**引っ張る** estirar エスティラール	**昼休み** intervalo para comer インテルバロ パラ コメール	**フォーク（食器）** *p56* tenedor テネドール
パーティー fiesta フィエスタ	**範囲** ámbito アンビト	**ピアノ** piano ピアノ	**必要とする** *p66,80* necesitar ネセシタール	**ビル** edificio エディフィシオ	**部下** subordinado スボルディナド
鼻 *p79* nariz ナリス	**ハンカチ** pañuelo パニュエロ	**東** *p13* este エステ	**人** persona ペルソナ	**ビール** *p57* cerveza セルベサ	**深い** profundo プロフンド
鼻水 moco モコ	**パンクする** tener un pinchazo テネール ウン ピン チャソ	**光** luz ルス	**ひどい** terrible テリブレ	**広い** *p18* ancho アンチョ	**不可能** imposibilidad インポシビリダッ
花 *p50* flor フロール	**番号** número ヌメロ	**光る** brillar ブリジャール	**一人** solo(la) ソロ（ソラ）	**広げる** extender エクステンデール	**服** *p44,46* ropa ロパ
話す hablar アブラール	**犯罪** crimen クリメン	**引き受ける** aceptar アセプタール	**等しい** igual イグアル	**広場** *p28,29,32,36* plaza プラサ	**腹痛** dolor de estómago ドロール デ エストマゴ
バナナ *p60* plátano プラタノ	**ハンサム** guapo グァポ	**引き出す** sacar サカール	**ひとりっ子** hijo único イホ ウニコ	**瓶** botella ボテジャ	**袋** *p50* bolsa ボルサ
母 madre マドレ	**反対する** oponerse オポネルセ	**引く** tirar ティラール	**避妊する** evitar concepción エビタール コンセプシオン	**貧血** *p78* anemia アネミア	**フクロウ** lechuza レチュサ
歯ブラシ *p20* cepillo de dientes セピージョ デ ディエンテス	**反対側** otro lado オートロ ラド	**低い** bajo バホ	**日の出** sol naciente ソル ナシエンテ	**品質** calidad カリダッ	**不景気** depresión デプレシオン
バーベキュー barbacoa バルバコア	**パンツ** calzoncillos カルソンシージョス	**髭** bigote ビゴテ	**皮膚** *p79* piel ピエル	**貧乏な** pobre ポブレ	**不幸な** infeliz インフェリス
歯磨き粉 *p20* dentífrico デンティフリコ	**パンティー** bragas ブラガス	**髭剃り** cuchilla de afeitar クチジャ デ アフェイタール	**皮膚科** dermatólogo デルマトロゴ	**ファックス** fax ファクス	**蓋** tapa タパ
速い rápido ラピド	**半島** península ペニンスラ	**飛行機** *p8,9,10,11* avión アビオン	**秘密** secreto セクレト	**ファッション** *p44,52* moda モダ	**豚** *p51,58* cerdo セルド
早い temprano テンプラノ	**半月** medio mes メディオ メス	**ビザ** visado ビサド	**費用** coste コステ	**フィルム** carrete カレテ	**再び** otra vez オートラ ベス
払う pagar パガール	**半年** medio año メディオ アニョ	**美術** arte アルテ	**美容院** peluquería ペルケリア	**風車** molino モリノ	**ブーツ** *p45* botas ボタス
払い戻す devolver デボルベール	**ハンドバッグ** *p49* bolso ボルソ	**美術館** *p28,29,32* museo de arte ムセオ デ アルテ			**物価** precios プレシオス

ふつ→まて

ま行

日本語	Español	カタカナ
ぶつかる	**chocar**	チョカール
二日酔い	**resaca**	レサカ
仏教	**budismo**	ブディスモ
不動産	**bienes inmuebles**	ビエネス インムエブレス
太った	**gordo**	ゴルド
船	**barco**	バルコ
船便	**correo por barco**	コレオ ポル バルコ
船酔い	**mareo**	マレオ
不便な	**inconveniente**	インコンベニエンテ
不法な	**ilegal**	イレガル
不眠症	**insomnio**	インソムニオ
ブーム	**boom**	ブン
冬 *p66*	**invierno**	インビエルノ
ブラウス *p44*	**blusa**	ブルサ
ブラシ	**cepillo**	セピージョ
ブラジャー	**sostén**	ソステン
プラスチック	**plásticos**	プラスティコス
フラッシュ禁止	**prohibido flash**	プロイビド フラス
フラメンコ *p76*	**flamenco**	フラメンコ

日本語	Español	カタカナ
古い	**viejo**	ビエホ
古着	**ropa de segunda mano**	ロパ デ セグンダ マノ
ブレスレット *p49*	**pulsera**	プルセラ
プレゼント	**regalo**	レガロ
風呂 *p9*	**baño**	バニョ
フロント	**recepción**	レセプシオン
～分 (時間)	**minuto**	ミヌト
雰囲気	**ambiente**	アンビエンテ
文化	**cultura**	クルトゥラ
文学	**literatura**	リテラトゥラ
ヘアスタイル	**peinado**	ペイナド
平均	**media**	メディア
平均的な	**ordinario**	オルディナリオ
兵士・兵隊	**soldado**	ソルダド
閉店する	**cerrar la tienda**	セラール ラ ティエンダ
平和	**paz**	パス
ページ	**página**	パヒナ
へそ *p79*	**ombligo**	オンブリゴ
ペット	**animal doméstico**	アニマル ドメスティコ

日本語	Español	カタカナ
ベッド *p78*	**cama**	カマ
蛇	**serpiente**	セルピエンテ
部屋 *p19,20,82*	**habitación**	アビタシオン
減る	**disminuirse**	ディスミヌイールセ
ベルト *p45*	**cinturón**	シントゥロン
勉強する	**estudiar**	エストゥディアール
変更する	**cambiar**	カンビアール
弁護士 *p26*	**abogado**	アボガド
返事	**respuesta**	レスプエスタ
弁償する	**compensar**	コンペンサール
弁当	**comida para llevar**	コミダ パラジェバール
変な	**extraño**	エクストラニョ
便秘 *p78*	**estreñimiento**	エストゥレニミエント
返品する	**devolver artículos**	デボルベール アルティクロス
貿易	**comercio**	コメルシオ
方言	**dialecto**	ディアレクト
冒険	**aventura**	アベントゥラ
方向	**dirección**	ディレクシオン
帽子 *p44*	**sombrero**	ソンブレロ

日本語	Español	カタカナ
宝石 *p43,49*	**joya**	ホヤ
方法	**manera**	マネラ
法律	**ley**	レイ
他の	**otro**	オトロ
ポケット	**bolsillo**	ボルシージョ
保険 *p81*	**seguro**	セグロ
保険会社	**compañía de seguros**	コンパニア デ セグロス
星	**estrella**	エストゥレジャ
欲しい *p48*	**querer**	ケレール
補償	**compensación**	コンペンサシオン
保証する	**garantizar**	ガランティサール
保証金	**garantia**	ガランティア
保証書	**certificado de garantía**	セルティフィカド デ ガランティア
保証人	**garante**	ガランテ
干す	**secar**	セカール
ポスト	**buzón**	ブソン
細い	**delgado**	デルガド
ホテル *p8,11,12,18*	**hotel**	オテル

日本語	Español	カタカナ
歩道	**acera**	アセラ
ほとんど	**casi**	カシ
ボーナス	**gratificación**	グラティフィカシオン
骨 *p79*	**hueso**	ウエソ
頬 *p79*	**mejilla**	メヒージャ
ボランティア	**voluntario**	ボルンタリオ
ボールペン *p53*	**bolígrafo**	ボリグラフォ
本	**libro**	リブロ
本当に	**de verdad**	デ ベルダッ
本物	**verdad**	ベルダッ
本屋 *p43*	**librería**	リブレリア
翻訳する	**traducir**	トラドゥシール

日本語	Español	カタカナ
毎 (回、日など)	**cada ~**	カダ
前に	**frente, delante**	フレンテ、デランテ
前払い	**pago anticipado**	パゴ アンティシパド
曲がる	**girar**	ヒラール
巻く	**enrollar**	エンロジャール
枕 *p20*	**almohada**	アルモアダ
マグロ *p59*	**atún**	アトゥン
負ける *p75*	**perder**	ペルデール
孫	**nieto**	ニエト
貧しい	**pobre**	ポブレ
まだ～	**todavía ~**	トダビア
待合室	**sala de espera**	サラ デ エスペラ
間違い	**error**	エロール
待つ	**esperar**	エスペラール
マッサージ	**masaje**	マサヘ
まっすぐ *p13*	**recto**	レクト
祭り *p36,72*	**fiesta**	フィエスタ
～まで	**hasta ~**	アスタ

まと→もと

窓 *p17*
ventana
ベンタナ

間に合う
llegar a tiempo
ジェガール ア
ティエンポ

マニキュア
manicura
マニクラ

豆
legumbre
レグンブレ

まもなく
dentro de poco
デントロ デ ポコ

守る
guardar
グアルダール

麻薬
droga
ドゥロガ

迷う *p12*
perderse
ペルデルセ

まる
circulo
シルクロ

回る・回す
girar
ヒラール

満員
lleno de gente
ジェノ デ ヘンテ

マンガ
comic
コミック

満足する
contentarse
コンテンタールセ

まん中
medio
メディオ

満腹 *p56*
lleno
ジェノ

見送る
despedir
デスペディール

見返り
garantía
ガランティア

右 *p13*
derecha
デレチャ

未婚
soltero
ソルテロ

短い *p46*
corto
コルト

水 *p21,52,78*
agua
アグア

水色
azul celeste
アスール セレステ

水着 *p44*
bañador
バニャドール

店
tienda
ティエンダ

(～を)見せる
enseñar
エンセニャール

道 *p29*
calle
カジェ

見つける
encontrar
エンコントラール

緑色 *p47*
verde
ベルデ

皆（みな）
todos
トドス

港 *p29,37*
Puerto
プエルト

南 *p13*
sur
スル

ミネラルウオーター
p52,57
agua mineral
アグア ミネラル

身分証明書
carnet de identidad
カルネッテ デ
イデンティダッ

耳 *p79*
oreja
オレハ

脈拍
pulso
プルソ

土産
recuerdo
レクエルド

明晩
noche próxima
ノチェ プロクシマ

未来
futuro
フトゥロ

魅力的
atractivo
アトラクティボ

見る
ver
ベール

民芸品
artesanía
アルテサニア

民族音楽
música étnica
ムシカ エトニカ

民族舞踊
baile folklórico
バイレ フォルクロリコ

迎える
recibir
レシビール

無効
inválido
インバリド

虫
insecto
インセクト

虫刺され *p78*
picado
ピカド

虫歯
caries
カリエス

無職 *p26*
sin trabajo
シン トラバホ

難しい
difícil
デフィシル

息子
hijo
イホ

娘
hija
イハ

無駄遣い
gasto inútil
ガスト イヌティル

胸 *p79*
pecho
ペチョ

無用
inútil
イヌティル

村 *p36*
pueblo
プエブロ

紫 *p47*
morado
モラド

無理な
imposible
インポシブレ

無料で *p48*
gratis
グラティス

目 *p79*
ojo
オホ

名言
dicho
ディチョ

名刺
tarjeta de visita
タルヘタ デ ビシタ

名所
lugar famoso
ルガール ファモソ

迷惑
molestia
モレスティア

眼鏡
gafas
ガファス

目薬
colirio
コリリオ

珍しい
raro
ラロ

メートル
metro
メトロ

メニュー *p55*
menú
メヌ

めまいがする *p78*
tener vértigo
テネール ベルティゴ

メールアドレス
p84
buzón de correo
electrónico
ブソン デ コレオ
エレクトロニコ

綿 *p47*
algodón
アルゴドン

麺
fideo
フィデオ

免税 *p48*
libre de impuestos
リブレ デ インプエストス

免税店 *p48*
tienda libre de
impuestos
ティエンダ リブレ
デ インプエストス

面倒くさい
molesto
モレスト

申し込み
solicitud
ソリシトゥ

申し訳ない
lo siento
ロ シエント

儲ける
ganarse
ガナールセ

盲腸炎 *p80*
apendicitis
アペンディシティス

毛布 *p20,82*
manta
マンタ

目的
propósito
プロポシト

目的地
destino
デスティノ

目標
objeto
オブヘト

木曜日 *p68*
jueves
フエベス

文字
letra
レトゥラ

持ち主
propietario
プロピエタリオ

もちろん *p23,24*
por cierto
ポル シエルト

持っている
tener
テネール

持っていく
llevar
ジェバール

もてなす
tratar
トラタール

戻る *p13*
volver
ボルベール

模様（図柄）
dibujo
ディブホ

森
bosque
ボスケ

もらう
recibir
レシビール

門
puerta
プエルタ

問題
problema
プロブレマ

や行

野球
béisbol
ベイスボル

約（およそ）
más o menos
マス オ メノス

約束
promesa
プロメサ

役に立つ
útil
ウティル

やけど *p78*
quemadura
ケマドゥラ

野菜 *p50*
verdura
ベルドゥラ

優しい *p18*
amable
アマブレ

易しい
fácil
ファシル

安い
barato
バラト

安売り
rebajas
レバハス

休む
descansar
デスカンサール

104

やき→れき

			ら行		
痩せた **delgado** デルガド	郵便番号 **número postal** ヌメロ ポスタル	横 **lado** ラド	ライオン **león** レオン	領収書 *p17,81* **recibo** レシボ	レストラン *p54,56* **restaurante** レスタウランテ
屋台 **puesto (de venta)** プエスト（デ ベンタ）	郵便料金 **franqueo** フランケオ	横になる **acostarse** アコスタールセ	来月 *p68* **mes próximo** メス プロクシモ	領土 **territorio** テリトリオ	列車 **tren** トレン
家賃 **alquiler** アルキレール	有名な **famoso** ファモソ	汚れた **sucio** スシオ	ライター *p52* **encendedor** エンセンデドール	両方 **ambos** アンボス	レッスン **clase** クラセ
薬局 *p12,43,78,80,81* **farmacia** ファルマシア	有料 *p48* **hay que pagar** アイ ケ パガール	予報 **previsión** プレビシオン	来年 *p68* **año próximo** アニョ プロクシモ	料理 *p54,58* **comida** コミダ	レート **tipo** ティポ
山 **montaña** モンターニャ	床 **suelo** スエロ	予防 **prevención** プレベンシオン	ラジオ **radio** ラディオ	料理する **cocinar** コシナール	練習する **ejercitarse** エヘルシタルセ
止む **parar** パラール	雪 *p66* **nieve** ニエベ	予算 **presupuesto** プレスプエスト	ラッパ **trompeta** トロンペタ	旅券番号 **número de pasaporte** ヌメロ デ パサポルテ	レンタカー **coche de alquiler** コチェ デ アルキレール
柔らかい **blando** ブランド	輸出 **exportación** エクスポルタシオン	予想 **expectativa** エスペクタティバ	理解する **entender** エンテンデール	旅行 *p81* **viaje** ビアヘ	レントゲン **rayos Roentgen** ラジョス ロエントゥヘン
湯 *p21* **agua caliente** アグア カリエンテ	ゆっくり *p24* **despacio** デスパシオ	酔った **borracho** ボラチョ	離婚 **divorcio** ディボルシオ	旅行者 **viajero** ビアヘロ	連絡する *p84* **comunicar** コムニカール
遊園地 **parque de atracciones** パルケ デ アトラクシオネス	輸入 **importación** インポルタシオン	ヨット **yate** ジャテ	リス **ardilla** アルディージャ	旅行代理店 **agencia de viajes** アヘンシア デ ビアヘス	老眼 **presbicia** プレスビシア
夕方 **tarde** タルデ	指 *p79* **dedo** デド	予定 **plan** プラン	理想 **ideal** イデアル	リンゴ *p53,60* **manzana** マンサナ	老人 **viejo** ビエホ
勇気 **valentía** バレンティア	指輪 *p49* **anillo** アニージョ	呼ぶ **llamar** ジャマール	理由 **razón** ラソン	臨時の **temporal** テンポラル	ろうそく **vela** ベラ
有効な **válido** バリド	夢 **sueño** スエニョ	読む **leer** レエール	留学生 **estudiante en el extranjero** エストゥディアンテ エン エル エクストランヘロ	ルート **ruta** ルタ	6月 *p69* **junio** フニオ
優勝 **victoria** ビクトリア	ユーモア **humor** ウモール	嫁 **novia** ノビア		留守 **ausencia** アウセンシア	露店 **caseta** カセタ
友情 **amistad** アミスタッ	良い *p81* **bueno** ブエノ	予約 *p9,54,55* **reserva** レセルバ	流行 **moda** モダ	例 **ejemplo** エヘンプロ	
夕食 *p19,64* **cena** セナ	用意する **preparar** プレパラール	夜 *p65* **noche** ノチェ	量 **cantidad** カンティダッ	冷蔵庫 **refrigerador** レフリヘラドール	
郵送する **enviar por correo** エンビアル ポル コレオ	用心する **tener cuidado** テネール クイダド	喜ぶ **alegrarse** アレグラルセ	両替 *p41* **cambio** カンビオ	礼拝堂 *p29* **capilla** カピージャ	
郵便 **correo** コレオ	様子 **estado** エスタド	ヨーロッパ **Europa** エウロパ	料金 *p14* **precio** プレシオ	冷房 **aire acondicionado** アイレ アコンディシオナド	
郵便局 **correos** コレオス	幼稚 **infantil** インファンティル	弱い **débil** デビル	領事館 *p12,83* **consulado** コンスラド	歴史 **historia** イストリア	
	余暇 **ocio** オシオ				

105

れす→わる

わ行

ワイン（赤 / 白）
p48,57
vino (tinto / blanco)
ビノ
（ティント / ブランコ）

若い・若者
joven
ホベン

分かる
entender
エンテンデール

分かりにくい
ininteligible
イニンテリヒブレ

別れる
despedirse, separarse
デスペディールセ、
セパラールセ

輪ゴム
gomita
ゴミタ

分ける
repartir
レパルティール

惑星
planeta
プラネタ

わざと
a propósito
ア　プロポシト

忘れる
olvidar
オルビダール

私　*p50*
yo
ジョ

私の
mi
ミ

私たち
nosotros
ノソトロス

渡す
entregar
エントレガール

笑う
reir
レイール

割引き
descuento
デスクエント

悪い
p66,78,80,81
malo
マロ

106

スペイン語→日本語 単語集

"第4部"では約1800の単語を収録しています。旅行者にとって必要度の高い言葉、深い内容を話すための言葉を厳選しています。

★第1部への索引機能付き★
第1部に、関連の深い言葉や項目がある場合は、そのページ番号を示してあります。伝えたい話題へすばやくアクセスするための索引としても活用してください。

アクセントについての説明
（1）語末が母音または [-n] か [-s] → 最後から2つめの音節
（2）語末が [-n] [-s] 以外の子音 → 最後の音節
（3）上の2つにあてはまらないもの → アクセント記号をつける
※二重母音・三重母音は1つの音節に数え、その音節中の最後の母音にアクセント

＊形容詞および人・動物に関する名詞は一部を除き男性形のみ記載

a → an

A

a pie
ア　ピエ
徒歩で

abajo
アバホ
下に

abandonar
アバンドナール
捨てる

abogado
アボガド
弁護士 p26

abrazar
アブラサール
抱く

abrebotellas
アブレボテジャス
栓抜き

abrigo
アブリゴ
コート p44

abril
アブリル
4月 p69

abrir
アブリール
開ける p17,28,65

absolutamente
アブソルタメンテ
絶対に

abuela
アブエラ
祖母

abuelo
アブエロ
祖父

aburrido
アブリド
うんざりする

aburrido
アブリド
つまらない

accesorio
アクセソリオ
アクセサリー p49

accidente
アクシデンテ
事故

accidente de tráfico
アクシデンテ デ トラフィコ
交通事故 p83

aceite
アセイテ
油

aceptar
アセプタール
引き受ける

acera
アセラ
歩道

acercarse
アセルカールセ
近づく

ácido
アシド
すっぱい p56

acostarse
アコスタールセ
横になる

acostarse
アコスタールセ
寝る p64

acostumbrarse
アコストゥンブラールセ
慣れる

actor
アクトール
俳優

administrar
アドゥミニストゥラール
経営する

admirar
アドゥミラル
感心する

admirar
アドゥミラール
あこがれる

adulto
アドゥルト
大人

aeropuerto
アエロプエルト
空港 p8,9,10,11

afanarse
アファナルセ
苦労する

afeitarse
アフェイタールセ
剃る

afortunado
アフォルトゥナド
運がいい

afueras
アフエラス
郊外

agarrar
アガラール
握る

agencia de viajes
アヘンシア デ ビアヘス
旅行代理店

agosto
アゴスト
8月 p69

agotado
アゴタド
売り切れ p15

agradecer
アグラデセール
感謝する

agricultura
アグリクルトゥラ
農業

agua
アグア
水 p52,78,21

agua caliente
アグア カリエンテ
湯 p21

agua corriente
アグア コリエンテ
水道水

agua mineral
アグア ミネラル
ミネラルウオーター p52,57

agua potable
アグア ポタブレ
飲料水

ahí
アイー
そこ

ahora
アオラ
今

ahorrar
アオラール
節約する

ahumado
アウマド
煙い

aire
アイレ
空気

aire acondicionado
アイレ アコンディシオナド
エアコン p17,18,21,82

aire acondicionado
アイレ アコンディシオナド
冷房

ajedrea
アヘドレア
しそ

ajo
アホ
ニンニク p58,60

ajustar
アフスタール
調整する

alegrarse
アレグラルセ
喜ぶ

alergia
アレルヒア
アレルギー p57,80,81

algodón
アルゴドン
綿 p47

alimentación
アリメンタシオン
栄養

allí
アジー
あそこ

almohada
アルモアダ
枕 p20

alojarse
アロハールセ
泊まる p18

alquiler
アルキレール
家賃

alto
アルト
高い（高さ）

ama de casa
アマ デ カサ
主婦 p26

amable
アマブレ
親切な

amable
アマーブレ
優しい

amante
アマンテ
愛人

amar, querer
アマール、ケレール
愛する

amargo
アマルゴ
苦い p56

amarillo
アマリージョ
黄色 p47

ambiente
アンビエンテ
環境

ambiente
アンビエンテ
雰囲気

ámbito
アンビト
範囲

ambos
アンボス
両方

ambulancia
アンブランシア
救急車 p78

América
アメリカ
アメリカ p27

amigo
アミゴ
友達

amistad
アミスタッ
友情

amor
アモール
愛

añadir
アニャディール
加える

añadir
アニャディール
追加する

ancho
アンチョ
広い p18

andar
アンダール
歩く p8,12

anemia
アネミア
貧血 p78

anillo
アニージョ
指輪 p49

animado
アニマド
にぎやかな

animal
アニマル
動物

animal doméstico
アニマル ドメスティコ
ペット

animales domésticos
アニマレス ドメスティコス
家畜

aniversario
アニベルサリオ
記念日

año nuevo
アニョ ヌエボ
正月

año pasado
アニョ パサド
去年 p68

año próximo
アニョ プロクシモ
来年 p68

anoche
アノチェ
昨晩

anteayer
アンテアジェール
おととい p68

antepasado
アンテパサド
先祖

antes
アンテス
さっき

(108)

an → bo

antes
アンテス
以前

antidiarréico
アンティディアレイコ
下痢どめ p78

antipirético
アンティピレティコ
解熱剤 p81

anular
アヌラール
キャンセルする

anular
アヌラール
取り消す

apagar
アパガール
消す（火・灯かりを）

apagarse
アパガールセ
消える（火・明かりが）

aparcamiento
アパルカミエント
駐車場

aparcar
アパルカール
駐車する

apartamento
アパルタメント
アパート

apelar
アペラール
訴える

apellido y nombre
アペジード イ ノンブレ
氏名

aplazar
アプラサール
延期する

apostar
アポスタール
賭ける

apendicitis
アペンディシティス
盲腸炎 p80

aprender
アプレンデール
習う

a propósito
ア プロポシト
わざと

aquí
アキー
ここ

árbol
アルボル
木

ardilla
アルディージャ
リス

aritmética
アリトゥメティカ
算数

arquitectura
アルキテクトゥラ
建築

arrepentirse
アレペンティルセ
後悔する

arrestar
アレスタール
逮捕する

arrestar
アレスタール
捕まえる

arroz
アロス
米 p61

arte
アルテ
美術

arte
アルテ
芸術

artesanía
アルテサニア
民芸品

artista
アルティスタ
芸術家

ascensor
アセンソル
エレベーター

Asia
アシア
アジア

asiento
アシエント
座席 p70,75

asiento
アシエント
席 p15,55,70,75

asiento para no fumadores
アシエント パラ ノ フマドレス
禁煙席 p14,18,55

asunto urgente
アスント ウルヘンテ
急用

asustarse
アススタルセ
驚く

atar
アタール
縛る

atasco
アタスコ
渋滞

aterrizaje
アテリサヘ
着陸

atractivo
アトラクティボ
魅力的な

atún
アトゥン
マグロ p59

aumentarse
アウメンタルセ
増える

ausencia
アウセンシア
留守

ausencia
アウセンシア
欠席

autobús
アウトブス
バス p8,9,10,14,36

automóvil
アウトモビル
自動車

autopista
アウトピスタ
高速道路

aventura
アベントゥラ
冒険

avión
アビオン
飛行機 p8,9,10,11

ayer
アジェール
昨日 p68

ayudar
アジュダール
助ける

ayudar
アジュダール
手伝う

ayuntamiento
アジュンタミエント
市役所

azafata
アサファタ
スチュワーデス p26

azúcar
アスカル
砂糖 p53,56

azul
アスール
青い p47

azul celeste
アスール セレステ
水色

B

bailar
バイラール
踊る p77

baile
バイレ
踊り p77

baile
バイレ
ダンス

baile folklórico
バイレ フォルクロリコ
民族舞踊

bajar
バハール
下がる

bajar
バハール
降りる

bajo
バホ
低い

bañador
バニャドール
水着 p44

banco
バンコ
銀行 p12,21

bandera nacional
バンデラ ナシオナル
国旗

baño
バニョ
風呂 p9

bar
バル
バー

barato
バラト
安い p18

barbacoa
バルバコア
バーベキュー

barco
バルコ
船

barrio
バリオ
区域

bastante
バスタンテ
充分

basura
バスーラ
ゴミ

batir
バティール
打つ

bebé
ベベ
赤ちゃん

bebedor
ベベドール
酒飲み

beber
ベベール
飲む

bebida
ベビダ
飲み物

bebida alcohólica
ベビダ アルコオリカ
酒

béisbol
ベイスボル
野球

berenjena
ベレンヘナ
茄子 p60

beso
ベソ
キス

biblioteca
ビブリオテカ
図書館

bicicleta
ビシクレタ
自転車

bienes inmuebles
ビエネス インムエブレス
不動産

bigote
ビゴテ
髭

billete
ビジェテ
切符 p11,14,15

billete
ビジェテ
紙幣

billete de avión
ビジェテ デ アビオン
航空券 p83

billete de ida
ビジェテ デ イダ
片道切符 p15

billete de ida y vuelta
ビジェテ デ イダ イ ブエルタ
往復切符 p15

bistec
ビステク
ステーキ

blanco
ブランコ
白 p36,47

blando
ブランド
柔らかい

109

bo → ca

blusa
ブルサ
ブラウス *p44*

boca
ボカ
口 *p79*

bocadillo
ボカディージョ
サンドイッチ (バゲットの) *p62*

boda
ボダ
結婚式

bolígrafo
ボリグラフォ
ボールペン *p53*

bolsa
ボルサ
袋 *p50*

bolsa, maletín
ボルサ、マレティン
カバン

bolsillo
ボルシージョ
ポケット

bolso
ボルソ
ハンドバッグ *p49*

bomba
ボンバ
爆弾

bonito
ボニート
かわいい

bonito
ボニト
美しい

bonito
ボニート
きれいな

boom
ブン
ブーム

borracho
ボラチョ
酔った

bosque
ボスケ
森

botas
ボタス
ブーツ *p45*

botella
ボテジャ
瓶

bragas
ブラガス
パンティー

brillar
ブリジャール
光る

bronquitis
ブロンキティス
気管支炎

budismo
ブディスモ
仏教

buen tiempo
ブエン ティエンポ
晴れ *p66*

buena vista
ブエナ ビスタ
眺めがいい *p18*

bueno
ブエノ
いい *p81*

bueno
ブエノ
良い *p81*

buscar
ブスカール
探す *p12,32,35,42,44,48*

buzón
ブソン
ポスト

buzón de correo electrónico
ブソン デ コレオ エレクトロニコ
メールアドレス *p84*

C

caballo
カバジョ
馬

cabello
カベジョ
髪

cabeza
カベサ
頭 *p79*

cachorro(rra)
カチョルロ (カチョルラ)
子犬

cada ~
カダ
毎 (回、日など)

cada dos días
カダ ドス ディアス
1日おき

caer
カエール
落ちる

caer
カエール
倒れる

caer
カエール
転ぶ

café
カフェ
コーヒー *p61*

café con hielo
カフェ コン イエロ
アイスコーヒー *p61*

cafetería
カフェテリア
喫茶店

caja
カハ
箱

calabaza
カラバサ
カボチャ *p60*

calamar
カラマール
イカ *p59,63*

calcetines
カルセティネス
靴下 *p44*

calcular
カルクラル
計算する

calefacción
カレファシオン
暖房

calendario
カレンダリオ
カレンダー

calidad
カリダッ
品質

caliente
カリエンテ
暖かい *p66*

calle
カジェ
通り *p32*

calle
カジェ
道 *p29*

calmante
カルマンテ
鎮痛剤 *p81*

calzarse
カルサルセ
履く

calzoncillos
カルソンシージョス
パンツ

cama
カマ
ベッド *p78*

cámara
カマラ
カメラ

camarera
カマレラ
ウエイトレス

camarero
カマレロ
ウエイター

cambiar
カンビアール
変える

cambiar
カンビアール
取り替える

cambiar
カンビアール
変更する

cambiar
カンビアール
交換する

cambiar
カンビアール
変わる

cambiar de ropa
カンビアール デ ロパ
着替える

cambio
カンビオ
両替 *p41*

caminata
カミナタ
ハイキング

camión
カミオン
トラック

camisa
カミサ
シャツ *p44*

camiseta
カミセタ
Tシャツ *p44*

campana
カンパナ
鐘

campo
カンポ
田舎

cáncer
カンセル
ガン

canción
カンシオン
歌 *p77*

cangrejo
カングレホ
カニ *p57,59*

cansado
カンサド
疲れた

cansarse
カンサールセ
疲れる

cansarse de
カンサールセ デ
飽きる

cantante
カンタンテ
歌手 *p77*

cantar
カンタール
歌う *p77*

cantidad
カンティダッ
量

capacidad
カパシダッ
能力

capilla
カピージャ
礼拝堂 *p29*

capital
カピタル
首都

cara
カラ
顔 *p79*

carácter
カラクテル
特徴

carácter
カラクテル
性格

caramelo
カラメロ
飴 *p52*

cargar
カルガール
背負う

caries
カリエス
虫歯

carne
カルネ
肉 *p51,54*

carnet de conducir
カルネッ デ コンドゥシール
運転免許証

carnet de identidad
カルネッ デ イデンティダッ
身分証明書

caro
カロ
高い (値段)

carpintero
カルピンテロ
大工

carrete
カレテ
フィルム

carta
カルタ
手紙 *p84*

cartera
カルテラ
財布 *p49,83*

(110)

ca → co

casa
カサ
家

casa de alquiler
カサ デ アルキレール
貸家

casado
カサド
既婚 *p27*

casarse
カサールセ
結婚する *p27*

caseta
カセタ
露店

casi
カシ
ほとんど

casino
カシノ
カジノ

castillo
カスティージョ
城

católico
カトリコ
カトリック

causa
カウサ
原因

cazuela
カスエラ
鍋

CD
セーデー
CD *p52*

cebolla
セボジャ
タマネギ *p60*

cena
セナ
夕食 *p19,64*

cenicero
セニセロ
灰皿

centro
セントロ
中心

cepillo
セピージョ
ブラシ

cepillo de dientes
セピージョ デ ディエンテス
歯ブラシ *p20*

cerámica
セラミカ
陶器 *p49*

cerca
セルカ
近い *p13,29*

cerdo
セルド
豚 *p51,58*

cerezo
セレソ
桜

cero
セロ
ゼロ *p40*

cerrar
セラール
閉める *p17,28,65*

cerrar
セラール
閉じる *p17,28,65*

cerrar la tienda
セラール ラ ティエンダ
閉店する

certificado
セルティフィカド
証明書

certificado de garantía
セルティフィカド デ ガランティア
保証書

cerveza
セルベサ
ビール *p57*

champú
チャンプー
シャンプー *p20*

cheque
チェケ
チェック（小切手）

cheque
チェケ
小切手

cheque de viaje
チェケ デ ビアヘ
トラベラーズチェック

chica
チカ
少女

chica
チカ
女の子

chico
チコ
男の子

chico
チコ
少年

chocar
チョカール
ぶつかる

ciencia
シエンシア
科学

cine
シネ
映画館

cinta adhesiva
シンタ アデシバ
セロテープ

cintura
シントゥラ
腰 *p79*

cinturón
シントゥロン
ベルト *p45*

círculo
シルクロ
まる

cirugía
シルヒア
外科 *p80*

ciudad
シウダッ
市

ciudad
シウダッ
都市

claro
クラロ
明るい

clase
クラセ
授業

clase
クラセ
レッスン

cliente
クリエンテ
客

cocer
コセール
煮る *p59*

coche de alquiler
コチェ デ アルキレール
レンタカー

coche-cama
コチェ カマ
寝台車

cocina
コシナ
台所

cocina japonesa
コシナ ハポネサ
日本食

cocina local
コシナ ロカル
郷土料理

cocinar
コシナール
料理する

cocinero
コシネロ
コック

cola
コラ
尾

colaborar
コラボラール
協力する

colirio
コリリオ
目薬

color
コロール
色 *p46,47*

comedor
コメドール
食堂 *p19*

comer
コメール
食べる

comercio
コメルシオ
商売

comercio
コメルシオ
貿易

comic
コミック
マンガ

comida
コミダ
食べ物

comida
コミダ
料理 *p54,58*

comida
コミダ
食事 *p54*

comida
コミダ
昼食 *p64*

comida para llevar
コミダ パラ ジェバール
弁当

comisaría
コミサリア
警察署 *p12*

comisión
コミシオン
手数料

compañero de colegio
コンパニェロ デ コレヒオ
クラスメート

compañía
コンパニア
会社

compañía de avión
コンパニア デ アビオン
航空会社 *p83*

compañía de seguros
コンパニア デ セグロス
保険会社

comparar
コンパラール
比べる

compasión
コンパシオン
同情

compensación
コンペンサシオン
補償

compensar
コンペンサール
弁償する

compra
コンプラ
買い物 *p42*

comprar
コンプラール
買う *p42*

compresa
コンプレサ
湿布 *p78*

compresa higiénica
コンプレサ イヒエニカ
生理用品

comunicar
コムニカール
連絡する *p84*

con todas sus fuerzas
コン トダス スス フエルサス
一生懸命

concentrarse
コンセントラールセ
集中する

concha
コンチャ
貝 *p59*

concierto
コンシエルト
コンサート

condición
コンディシオン
条件

conducir
コンドゥシル
運転する

conductor
コンドゥクトル
運転手

conectar
コネクタール
つなぐ

confiar
コンフィアール
信頼する

confirmar
コンフィルマール
確かめる

conmemoración
コンメモラシオン
記念

co → de

construir コンストゥルイール 建てる	**correo certificado** コレオ セルティフィカド 書留	**cruce** クルセ 交差点 *p13*	**cuestión** クエスティオン 疑問	**declaración** デクララシオン 申告
consulado コンスラド 領事館 *p12,83*	**correo por barco** コレオ ポル バルコ 船便	**crudo** クルド 生	**cuidado** クイダド 注意	**dedo** デド 指 *p79*
consulta コンスルタ 相談	**correo urgente** コレオ ウルヘンテ 速達	**cuaderno** クアデルノ ノート	**cuidar** クイダール 世話する	**defecto** デフェクト 短所
contar コンタール 数える	**correos** コレオス 郵便局	**cuadrado** クアドゥラド 四角	**cultura** クルトゥラ 文化	**dejar caer** デハル カエール 落とす
contar con コンタール コン 頼る	**correr** コレール 走る	**¿Cuál?** クアル どれ?	**cumpleaños** クンプレアニョス 誕生日 *p23*	**delgado** デルガド 細い
contenido コンテニド 内容	**cortar** コルタール 切る	**cuándo** クアンド いつ *p83*	**curar** クラール 治療する	**delgado** デルガド 痩せた
contentarse コンテンタールセ 満足する	**cortarse el pelo** コルタールセ エル ペロ 散髪する	**cuántas horas** クアンタス オラス 何時間	**curarse** クラールセ 治る	**dentífrico** デンティフリコ 歯磨き粉 *p20*
contrato コントラト 契約書	**cortina** コルティナ カーテン	**cuántas personas** クアンタス ペルソナス 何人 *p41*	**curiosidad** クリオシダッ 好奇心	**dentista** デンティスタ 歯医者 *p29*
contribuir コントゥリブイル 寄付する	**corto** コルト 短い *p46*	**cuánto** クアント いくつ	**D**	**dentro de poco** デントロ デ ポコ まもなく
conversación コンベルサシオン 会話	**corto plazo** コルト プラソ 短期	**cuántos** クアントス 何個	**daño** ダニョ 損害	**dependiente** デペンディエンテ 店員 *p26*
copiar コピアール コピーする	**cosquilloso** コスキジョソ くすぐったい	**cuántos tipos** クアントス ティポス 何種類	**dar** ダール あげる（人に）	**deporte** デポルテ スポーツ
corazón コラソン 心	**coste** コステ 費用	**cuatro estaciones** クアトロ エスタシオネス 四季	**dar patadas** ダール パタダス 蹴る	**depresión** デプレシオン 不景気
corazón コラソン 心臓 *p80*	**costumbre** コストゥンブレ 習慣	**cubo de basura** クボ デ バスーラ ゴミ箱	**de ida** デ イダ 片道 *p15*	**derecha** デレチャ 右 *p13*
corbata コルバタ ネクタイ *p45*	**crecer** クレセール 成長する	**cuchara** クチャラ スプーン *p56*	**de ida y vuelta** デ イダ イ ブエルタ 往復 *p15*	**derecho** デレチョ 権利
Corea コレア 韓国	**creer** クレエール 信じる	**cuchilla de afeitar** クチジャ デ アフェイタール 髭剃り	**de verdad** デ ベルダッ 本当に	**dermatólogo** デルマトロゴ 皮膚科
correcto コレクト 正確な	**creer** クレエール 思う	**cuchillo** クチージョ ナイフ *p56*	**deber** デベール 義務	**desaparecer** デサパレセール 消える
correcto コレクト 正しい	**criar** クリアール 飼う	**cuello** クエジョ 首 *p79*	**deberes** デベレス 宿題	**desayuno** デサジュノ 朝食 *p9,19,64*
corregir コレヒール 直す	**crimen** クリメン 犯罪	**cuenta** クエンタ 会計 *p55*	**débil** デビル 弱い	**descansar** デスカンサール 休む
correo コレオ 郵便	**criminal** クリミナル 犯人	**cuenta** クエンタ 勘定	**decidir** デシディール 決める	**descanso** デスカンソ 休憩
correo aéreo コレオ アエレオ 航空便	**cristal** クリスタル ガラス	**cuerpo** クエルポ 体 *p78*	**decir** デシール 言う	**descendientes** デセンディエンテス 子孫

112

de → en

descortés
デスコルテス
失礼な

descuento
デスクエント
割引き

descuento
デスクエント
値引き

desde entonces
デスデ エントンセス
それから

desear
デセアール
望む

desempleado
デセンプレアド
失業している

desinfección
デスインフェクシオン
消毒

despacio
デスパシオ
ゆっくり *p24*

despedir
デスペディール
見送る

despedirse, separarse
デスペディールセ、セパラールセ
別れる

después
デスプエス
あとで

destino
デスティノ
目的地

detallado
デタジャド
詳しい

detergente
デテルヘンテ
洗剤

deuda
デウダ
借金

devolver
デボルベール
返す

devolver
デボルベール
払い戻す

devolver artículos
デボルベール アルティクロス
返品する

devoto de padres
デボト デ パドレス
親孝行

día festivo
ディア フェスティボ
休日

día festivo
ディア フェスティボ
祭日

diabetes
ディアベテス
糖尿病

dialecto
ディアレクト
方言

diamante
ディアマンテ
ダイヤモンド

diario
ディアリオ
日記

dibujo
ディブホ
模様（図柄）

diccionario
ディクシオナリオ
辞書

dicho
ディチョ
名言

diciembre
ディシエンブレ
12月 *p69*

diente
ディエンテ
歯 *p79*

dieta
ディエタ
ダイエット

diferencia
ディフェレンシア
違い

diferencia de hora
ディフェレンシア デ オラ
時差

difícil
ディフィシル
難しい

dinero
ディネロ
お金 *p83*

dios
ディオス
神

dirección
ディレクシオン
住所 *p11,84*

dirección
ディレクシオン
方向

director
ディレクトール
監督

discriminación racial
ディスクリミナシオン ラシアル
人種差別

disculparse
ディスクルパルセ
謝る

diseño
ディセニョ
デザイン

disfrutar
ディスフルタール
楽しむ

disminuirse
ディスミヌイールセ
減る

distancia
ディスタンシア
距離

distribuir
ディストゥリブイール
配達する

divertido
ディベルティード
楽しい

divorcio
ディボルシオ
離婚

dólar
ドラル
ドル *p41*

doler
ドレール
痛い *p79*

dolor de cabeza
ドロール デ カベサ
頭痛 *p81*

dolor de estómago
ドロール デ エストマゴ
腹痛

doloroso
ドロロソ
苦しい

domingo
ドミンゴ
日曜日 *p68*

dónde
ドンデ
どこ *p10,12,14,16*

dormir
ドルミール
眠る

droga
ドゥロガ
麻薬

ducha
ドゥチャ
シャワー *p9,18*

dudar
ドゥダール
疑う

dulce
ドゥルセ
甘い *p56,57*

dulce
ドゥルセ
菓子

duro
ドゥロ
硬い

E

e-mail
イーマイル
E メール *p84*

echar la llave
エチャール ラ ジャベ
鍵をかける

economía
エコノミア
経済・経済学

económico
エコノミコ
経済的な

Ecuador
エクアドル
エクアドル

edad
エダッ
年齢

edad
エダッ
歳

edificio
エディフィシオ
建物 *p39*

edificio
エディフィシオ
ビル

educación
エドゥカシオン
教育

efecto
エフェクト
効果

egoísta
エゴイスタ
勝手な

ejemplo
エヘンプロ
例

ejercitarse
エヘルシタルセ
練習する

él
エル
彼

electricidad
エレクトゥリシダッ
電気 *p82*

elegir
エレヒール
選ぶ

ella
エジャ
彼女

ellos
エジョス
彼ら

embajada
エンバハダ
大使館 *p12*

embarazada
エンバラサーダ
妊娠している *p80,81*

emigración
エミグラシオン
出国

empezar
エンペサール
始める *p65*

empleado
エンプレアド
会社員 *p26*

empujar
エンプハール
押す

en curso de construcción
エン クルソ デ コンストゥルクシオン
工事中

encendedor
エンセンデドール
ライター *p52*

enchufe
エンチュフェ
コンセント

encontrar
エンコントラール
見つける

enero
エネロ
1月 *p69*

enfadado
エンファダド
怒り

enfadarse
エンファダルセ
怒る

enfermedad
エンフェルメダッ
病気 *p78*

enfermedad infecciosa
エンフェルメダッ インフェクシオサ
伝染病

enfermera
エンフェルメラ
看護婦

enfriarse
エンフリアルセ
冷める

113

en → fa

engañar
エンガニャール
騙す

enrollar
エンロジャール
巻く

ensalada
エンサラダ
サラダ p58

enseñar
エンセニャール
教える

enseñar
エンセニャール
(〜を) 見せる

entender
エンテンデール
理解する

entender
エンテンデール
分かる

entrada
エントラダ
入り口 p8

entrada
エントラダ
入場料 p28

entrada para hoy
エントラダ パラ オイ
当日券

entrar
エントラル
入る

entregar
エントレガール
渡す

enviar
エンビアール
送る

enviar por correo
エンビアル ポル コレオ
郵送する

envidiable
エンビディアブレ
うらやましい

envolver
エンボルベール
包む

equipaje
エキパヘ
荷物 p17,19

equipaje de mano
エキパヘ デ マノ
手荷物

equipaje de mano
エキパヘ デ マノ
機内持ち込み荷物

error
エロール
間違い

escalera móvil
エスカレラ モビル
エスカレーター

escapar
エスカパール
逃げる

esconder
エスコンデール
隠す

escribir
エスクリビール
書く

escritorio
エスクリトリオ
机

escuchar
エスクチャール
聞く

escuela
エスクエラ
学校

escuela primaria
エスクエラ プリマリア
小学校

escuela secundaria
エスクエラ セクンダリア
中学校

escuela superior
エスクエラ スペリオール
高校

esforzarse
エスフォルサールセ
努力する

esos
エソス
それら

España
エスパーニャ
スペイン p27

especia
エスペシア
スパイス

especialidad
エスペシアリダッ
特産物

espectáculo
エスペクタクロ
興行

espejo
エスペホ
鏡

esperanza
エスペランサ
希望

esperar
エスペラール
期待する

esperar
エスペラール
待つ

esputo
エスプト
痰

esquí
エスキー
スキー p36

esta mañana
エスタ マニャーナ
今朝

esta noche
エスタ ノチェ
今晩 p54

esta semana
エスタ セマナ
今週 p68

esta vez
エスタ ベス
今回

establecimiento
エスタブレシミエント
設立

estación
エスタシオン
駅 p8,10,14,18,29,32,36

estación
エスタシオン
季節

estadio
エスタディオ
競技場

estado
エスタド
様子

estar
エスタール
居る

estar contento
エスタール コンテント
うれしい

estar de pie
エスタール デ ピエ
立つ

estar en apuros
エスタール エン アプロス
困る

estar lleno
エスタール ジェノ
お腹が一杯 p56

estatura
エスタトゥラ
身長

este
エステ
この

este
エステ
東 p13

este año
エステ アニョ
今年 p68

este mes
エステ メス
今月 p68

estética
エステティカ
エステ

estirar
エスティラール
引っ張る

esto
エスト
これ

estómago
エストマゴ
胃 p80

estrecho
エストゥレチョ
狭い

estrecho
エストゥレチョ
きつい p46

estrella
エストゥレジャ
星

estrella
エストゥレジャ
スター

estreñimiento
エストゥレニミエント
便秘 p78

estudiante
エストゥディアンテ
学生 p26

estudiante
エストゥディアンテ
生徒

estudiante de universidad
エストゥディアンテ デ ウニベルシダッ
大学生

estudiante en el extranjero
エストゥディアンテ エン エル エクストランヘロ
留学生

estudiar
エストゥディアール
勉強する

estudiar a solas
エストゥディアール ア ソラス
独学する

Europa
エウロパ
ヨーロッパ

evento
エベント
行事

evitar
エビタール
避ける

evitar concepción
エビタール コンセプシオン
避妊する

examen
エクサメン
試験

examinar
エクサミナール
診察する

excepto ~
エクセプト
〜以外

excitarse
エクシタルセ
興奮する

excremento
エクスクレメント
大便

existencia
エクシステンシア
前世

expectativa
エクスペクタティバ
予想

experiencia
エクスペリエンシア
経験

explicación
エクスプリカシオン
説明

explicar
エクスプリカール
説明する

exportación
エクスポルタシオン
輸出

expresar
エクスプレサール
表現する

extender
エクステンデール
広げる

extensión
エクステンシオン
拡張・内線

extranjero
エクストランヘロ
外国・外国人

extraño
エクストラニョ
変な・奇妙な

F

fábrica
ファブリカ
工場

fácil
ファシル
簡単な

fa → gu

fácil ファシル 易しい	**fiesta** フィエスタ パーティー	**frontera** フロンテラ 国境	**garante** ガランテ 保証人	**gomita** ゴミタ 輪ゴム
factura ファクトゥラ 請求書	**firma** フィルマ サイン	**fruta** フルタ 果物 *p50*	**garantía** ガランティア 保証金・見返り	**gordo** ゴルド 太った
facultad ファクルタッ 学部	**flamenco** フラメンコ フラメンコ *p76*	**fuego** フエゴ 火	**garantizar** ガランティサール 保証する	**gorrión** ゴルリオン 雀
falda ファルダ スカート *p44,76*	**flor** フロール 花 *p50*	**fuera** フエラ 外	**garganta** ガルガンタ のど *p79*	**gracias** グラシアス ありがとう *p22,29*
fallo ファジョ 失敗	**florecer** フロレセール 咲く	**fuerte** フエルテ 強い *p66*	**gas** ガス ガス *p52,57*	**graduación** グラドゥアシオン 卒業
familia ファミリア 家族	**folleto** フォジェト パンフレット	**fumador** フマドール 喫煙者 *p18*	**gasolina** ガソリナ ガソリン	**gramo** グラモ グラム
famoso ファモソ 有名な	**fontanería** フォンタネリア 水道	**fumar** フマール タバコを吸う	**gasolinera** ガソリネラ ガソリンスタンド	**grande** グランデ 大きい *p45,52*
farmacia ファルマシア 薬屋 *p78*	**forma** フォルマ 形	**funcionario público** フンシオナリオ ププリコ 公務員 *p26*	**gasto de vida** ガスト デ ビダ 生活費	**grandes almacenes** グランデス アルマセネス デパート *p43,48*
farmacia ファルマシア 薬局 *p12,43,78,80,81*	**fotografía** フォトグラフィア 写真 *p25,71,77,84*	**funerales** フネラレス 葬式	**gasto inútil** ガスト イヌティル 無駄遣い	**grasa** グラサ 脂肪
favor ファボール 恩	**fotógrafo** フォトグラフォ カメラマン	**fútbol** フッボル サッカー *p74*	**gastos** ガストス 経費	**gratificación** グラティフィカシオン ボーナス
fax ファクス ファックス	**fractura** フラクトゥラ 骨折 *p78*	**fútil** フティル くだらない	**gato** ガト 猫	**gratis** グラティス 無料で *p48*
febrero フェブレロ 2月 *p69*	**franqueo** フランケオ 郵便料金	**futuro** フトゥロ 将来	**general** ヘネラル 一般的	**gris** グリス 灰色 *p47*
fecha de nacimiento フェチャ デ ナシミエント 生年月日	**freír** フレイール 揚げる *p59*	**futuro** フトゥロ 未来	**generoso** ヘネロソ 寛大な	**gritar** グリタール 叫ぶ
felicidad フェリシダッ 幸せ	**frente** フレンテ 正面 *p13*	**G**	**gerente** ヘレンテ 支配人	**grueso** グルエソ 厚い
felicitaciones (de año nuevo) フェリシタシオネス（デ アニョ ヌエボ） 年賀	**frente, delante** フレンテ、デランテ 前に	**gafas** ガファス 眼鏡	**girar** ヒラール 曲がる	**grupo** グルポ 団体
¡Felicidades! フェリシダデス おめでとう	**fresa** フレサ イチゴ *p60*	**gallo** ガジョ 鶏	**girar** ヒラール 回る・回す	**grupo sanguíneo** グルポ サンギネオ 血液型 *p80*
ferrocarril フェロカリル 鉄道	**fresco** フレスコ 新鮮	**gamba** ガンバ エビ *p57,59,63*	**gobierno** ゴビエルノ 政府	**guapo** グァポ ハンサム
fideo フィデオ 麺	**fresco** フレスコ 涼しい	**ganar** ガナール 得る	**goloso** ゴロソ 食いしんぼう	**guardar** グアルダール しまう
fiesta フィエスタ 祭り *p36,72*	**frío** フリオ 寒い *p17,66*	**ganar** ガナール 勝つ *p75*	**golpear** ゴルペアール なぐる	**guardar** グアルダール 守る
	frío フリオ 冷たい	**ganarse** ガナールセ 儲ける	**goma de borrar** ゴマ デ ボラール 消しゴム	**guerra** ゲラ 戦争

115

gu → in

guía
ギア
ガイド・ガイドブック

guía
ギア
添乗員

guiar
ギアール
案内する

guitarrae
ギターラ
ギター *p76*

(me)gusta
メ　グスタ
(私は) 好き

gusto
グスト
趣味

H

habitación
アビタシオン
部屋 *p19,20,82*

habitación doble
アビタシオン ドブレ
ダブルルーム *p18*

habitación individual
アビタシオン インディビドゥアル
シングルルーム *p18*

hablar
アブラール
話す

hace calor
アセ カロール
暑い *p17,66*

hacer
アセール
行う

hacer
アセール
作る

harina
アリーナ
小麦粉

hasta ~
アスタ
~まで

hay diferencia
アイ ディフェレンシア
差がある

hay que pagar
アイ ケ パガール
有料 *p48*

hemorragia
エモラヒア
出血 *p78*

hemorroides
エモロイデス
痔

herencia
エレンシア
遺伝

herida
エリダ
怪我 *p78,83*

herida
エリダ
傷

herir
エリール
傷つける

hermana
エルマナ
姉妹

hermana mayor
エルマナ マジョール
姉

hermana menor
エルマナ メノール
妹

hermano
エルマノ
兄弟

hermano mayor
エルマノ マジョール
兄

hermano menor
エルマノ メノール
弟

héroe
エロエ
英雄

hielo
イエロ
氷

hierba
イエルバ
草

hígado
イガド
肝臓 *p80*

higiénico
イヒエニコ
衛生的

hija
イハ
娘

hijo
イホ
息子

hijo único
イホ ウニコ
ひとりっ子

hipertensión
イペルテンシオン
高血圧 *p80*

historia
イストリア
歴史

hogar
オガール
家庭

hoja
オハ
葉

hombre
オンブレ
男

hombre
オンブレ
男性 *p46*

hombre
オンブレ
人間

hombro
オンブロ
肩 *p79*

hora
オラ
時間 *p64*

hora de llegada
オラ デ ジェガダ
到着時刻 *p14,15*

hora de salida
オラ デ サリダ
出発時間 *p14,15*

hora de salida
オラ デ サリダ
発車時刻

horario
オラリオ
時刻表 *p15*

horrible
オリブレ
恐い

hospital
オスピタル
病院 *p78,80*

hotel
オテル
ホテル *p8,11,12,18*

hoy
オイ
今日 *p68*

huelga
ウエルガ
ストライキ

hueso
ウエソ
骨 *p79*

huésped
ウエスペ
宿泊客

huevo
ウエボ
卵 *p51,57*

humedad
ウメダッ
湿度

húmedo
ウメド
湿った

humo
ウモ
煙

humor
ウモール
ユーモア

humor
ウモール
ユーモア

I

idea
イデア
アイデア

idea
イデア
考え

ideal
イデアル
理想

iglesia
イグレシア
教会 *p29*

igual
イグアル
等しい

ilegal
イレガル
不法な

imaginar
イマヒナール
想像する

imitación
イミタシオン
偽物

importación
インポルタシオン
輸入

importante
インポルタンテ
大切

imposibilidad
インポシビリダッ
不可能

imposible
インポシブレ
無理な

impresión
インプレシオン
印象

imprimir
インプリミール
印刷する

impuesto
インプエスト
税金

incendio
インセンディオ
火事

incluir
インクルイール
同封する

inconveniente
インコンベニエンテ
不便な

indicativo interurbano
インディカティボ
インテルウルバノ
市外局番

individual
インディビドゥアル
個人の

infantil
インファンティル
幼稚

infeliz
インフェリス
不幸な

inflamación
インフラマシオン
炎症

influencia
インフルエンシア
影響

información
インフォルマシオン
情報

informar
インフォルマール
知らせる

ingeniero
インヘニエロ
エンジニア

inglés
イングレス
英語 *p14,24,52,55*

ingresos
イングレソス
収入

ingresos anuales
イングレソス アヌアレス
年収

ininteligible
イニンテリヒブレ
分かりにくい

inmigración
イミグラシオン
入国

insecto
インセクト
虫

insomnio
インソムニオ
不眠症

in → ll

inspección インスペクシオン 検査 p80,81	**invitar** インビタール 誘う	**julio** フリオ 7月 p69	**lavado en seco** ラバド エン セコ ドライクリーニング	**libre** リブレ 空いている p15
institución インスティトゥシオン 施設	**inyección** インジェクシオン 注射 p80	**junio** フニオ 6月 p69	**lavar** ラバール 洗う	**libre de impuestos** リブレ デ インプエストス 免税 p48
instrumento musical インストゥルメント ムシカル 楽器	**ir** イール 行く	**juntos** フントス 一緒	**lavar** ラバール 洗濯する	**librería** リブレリア 本屋 p43
inteligente インテリヘンテ 頭がいい	**isla** イスラ 島	**justicia** フスティシア 正義	**leche** レチェ 牛乳 p57	**libro** リブロ 本
inteligente インテリヘンテ 賢い	**izquierda** イスキエルダ 左 p13	**justo** フスト ちょうど p64	**lechuza** レチュサ フクロウ	**ligero** リヘロ 軽い
intercambio インテルカンビオ 交流	**J**	**K**	**leer** レエール 読む	**límite** リミテ 制限
interesante インテレサンテ 面白い	**jabón** ハボン 石鹸 p20,73,82	**kilogramo, kg** キログラモ（カーヘー／キロ） キログラム	**leer** レエール 読書	**limpieza** リンピエサ 掃除
interesar インテレサール 興味がある	**Japón** ハポン 日本 p27,52	**kilómetro, km** キロメトロ（カエメ） キロメートル	**legumbre** レグンブレ 豆	**limpio** リンピオ 清潔な
interior インテリオール 中	**jardín** ハルディン 庭	**L**	**lejos** レホス 遠い p13,29	**línea** リネア 線
internet インテルネッ インターネット	**jardín botánico** ハルディン ボタニコ 植物園	**labios** ラビオス 唇 p79	**lengua** レングア 舌 p79	**linterna** リンテルナ 懐中電灯
interpretar インテルプレタール 通訳する	**jefe** ヘフェ 上司	**laborioso** ラボリオソ 勤勉な	**lengua** レングア 言葉	**lisiado** リシアド 身体障害者
interruptor インテルプトール スイッチ	**jersey** ヘルセイ セーター p44	**lado** ラド 横	**lentillas** レンティージャス コンタクトレンズ	**literatura** リテラトゥラ 文学
intervalo para comer インテルバロ パラ コメール 昼休み	**joven** ホベン 若い・若者	**ladrón** ラドロン 泥棒	**león** レオン ライオン	**llamada internacional** ジャマダ インテルナシオナル 国際電話
intestinos インテスティノス 腸 p80	**joven** ホベン 青年	**lágrima** ラグリマ 涙	**letra** レトゥラ 文字	**llamar** ジャマール 呼ぶ
inútil イヌティル 無用	**joya** ホジャ 宝石 p43,49	**lana** ラナ ウール p47	**letras** レトゥラス 歌詞	**llave** ジャベ 鍵 p20,21,82
inválido インバリド 無効	**juegos olímpicos (JJ.OO.)** フエゴス オリンピコス オリンピック	**lápiz** ラピス 鉛筆 p53	**levantar** レバンタール 上げる（上に）	**llegar** ジェガール 到着する p14,15
investigar インベスティガール 研究する	**jueves** フエベス 木曜日 p68	**largo** ラルゴ 長い p46	**levantar** レバンタール 起こす	**llegar a tiempo** ジェガール ア ティエンポ 間に合う
investigar インベスティガール 調べる	**jugador** フガドール 選手 p74	**largo tiempo** ラルゴ ティエンポ 長い間	**levantarse** レバンタルセ 起きる p64	**llegar tarde** ジェガル タルデ 遅れる p14
invierno インビエルノ 冬 p66	**jugar** フガール 遊ぶ	**lata** ラタ 缶詰	**ley** レイ 法律	**llegar tarde** ジェガール タルデ 遅刻する
invitación インビタシオン 招待	**juguete** フゲテ オモチャ p49	**lavabo** ラバボ 手洗い	**libertad** リベルタッ 自由	**lleno** ジェノ 満腹 p56

117

ll → mo

lleno de gente
ジェノ デ ヘンテ
満員

llevar
ジェバール
持っていく

llevar
ジェバール
運ぶ

llevar bien
ジェバール ビエン
相性

llorar
ジョラール
泣く

lluvia
ジュビア
雨 p66

lo siento
ロ シエント
ごめんなさい p23

lo siento
ロ シエント
すみません p24,29

lo siento
ロ シエント
申し訳ない

lotería
ロテリア
宝くじ p43

lugar
ルガール
場所

lugar famoso
ルガール ファモソ
名所

lujoso
ルホソ
豪華な

lujoso
ルホソ
贅沢な

luna
ルナ
月

luna de miel
ルナ デ ミエル
新婚旅行

lunes
ルーネス
月曜日 p68

luz
ルス
電灯

luz
ルス
光

M

madre
マドレ
母

magnífico
マグニフィコ
素晴らしい p25

maleta
マレタ
スーツケース

malo
マロ
悪い p66,78,80,81

mañana
マニャナ
朝 p65

mañana
マニャナ
明日 p54,68

mañana
マニャーナ
午前 p65

manera
マネラ
方法

manicura
マニクラ
マニキュア

mano
マノ
手 p79

manta
マンタ
毛布 p20,82

mantener
マンテネール
維持する

mantequilla
マンテキージャ
バター

manzana
マンサナ
リンゴ p53,60

mapa
マパ
地図 p12,20,28,31

maquillaje
マキジャヘ
化粧品 p43

maquillar
マキジャール
化粧する

máquina
マキナ
機械

máquina expendedora
マキナ エクスペンデドラ
自動販売機

maquinilla de afeitar
マキニジャ デ アフェイタル
カミソリ

mar
マル
海 p29,39

mareo
マレオ
船酔い

marido
マリド
夫

mariposa
マリポサ
蝶

marrón
マロン
茶色 p47

martes
マルテス
火曜日 p68

marzo
マルソ
3月 p69

más o menos
マス オ メノス
約（およそ）

masaje
マサヘ
マッサージ

matar
マタール
殺す

material
マテリアル
材料

matrimonio
マトリモニオ
夫婦

máximo
マクシモ
最大

mayo
マジョ
5月 p69

media
メディア
平均

medias
メディアス
ストッキング p44

medicina
メディシナ
薬 p78

medicina gastrointestinal
メディシナ ガストロインテスティナル
胃腸薬 p81

médico
メディコ
医者 p26

medida
メディダ
大きさ

medida
メディダ
寸法

medio
メディオ
まん中

medio año
メディオ アニョ
半年

medio día
メディオ ディア
半日

medio mes
メディオ メス
半月

mediodía
メディオディア
正午

mejilla
メヒージャ
頬 p79

mejor amigo
メホール アミゴ
親友

mejorar
メホラール
改良する

menos de ~
メノス デ
～以下

menstruación
メンストゥルアシオン
月経

mentira
メンティラ
嘘

menú
メヌ
メニュー p55

mercado
メルカド
市場 p12,28,43,48,50

mercancía
メルカンシア
商品

mérito
メリト
長所

mes pasado
メス パサド
先月 p68

mes próximo
メス プロクシモ
来月 p68

mesa
メサ
テーブル

metro
メトロ
メートル

metro
メトロ
地下鉄 p8,9

mi
ミ
私の

microbio
ミクロビオ
細菌

miel
ミエル
ハチミツ

miembro
ミエンブロ
会員

miércoles
ミエルコレス
水曜日 p68

mil
ミル
千 p40

mínimo
ミニモ
最小

minuto
ミヌト
～分（時間）

mismo
ミスモ
同じ

mitad
ミタッ
半分

moco
モコ
鼻水

moda
モダ
オシャレ

moda
モダ
流行

moda
モダ
ファッション p44,52

molestia
モレスティア
迷惑

molesto
モレスト
面倒くさい

molino
モリノ
風車

mo → op

moneda	músculo	negro	noviembre	ocasión
モネダ	ムスクロ	ネグロ	ノビエンブレ	オカシオン
硬貨	筋肉 p79	黒い p47	11月 p69	機会
moneda extranjera	museo	niebla	novio	occidental
モネダ エクストランヘラ	ムセオ	ニエブラ	ノビオ	オクシデンタル
外貨	博物館 p29	霧	恋人	西洋人
montaña	museo de arte	nieto	nube	Occidente
モンターニャ	ムセオ デ アルテ	ニエト	ヌベ	オクシデンテ
山	美術館 p28,29,32	孫	雲	西洋
morado	música	nieve	nublado	ocio
モラド	ムシカ	ニエベ	ヌブラド	オシオ
紫 p47	音楽 p28	雪 p66	曇り p66	余暇
morder	música étnica	niño	nuevo	octubre
モルデール	ムシカ エトニカ	ニーニョ	ヌエボ	オクトゥブレ
噛む	民族音楽	子供	新しい	10月 p69
morir	**N**	no	número	ocupado
モリール		ノ	ヌメロ	オクパド
死ぬ		いいえ p23,29	数	忙しい
mosca	nacer	no fumar	número	oeste
モスカ	ナセール	ノ フマール	ヌメロ	オエステ
ハエ	生まれる	禁煙する	番号	西 p13
mosquito	nacionalidad	no hay	número	oficina
モスキート	ナシオナリダッ	ノ アイ	ヌメロ	オフィシナ
蚊	国籍	無い	数字	事務所
motocicleta	nadar	no necesitar	número de asiento	oír
モトシクレタ	ナダール	ノ ネセシタール	ヌメロ デ アシエント	オイール
オートバイ	泳ぐ	いらない	座席番号 p70,75	聞こえる
motor	naipes	no poder ~	número de cuenta	ojo
モトール	ナイペス	ノ ポデール	ヌメロ デ クエンタ	オホ
エンジン	トランプ	～できない	口座番号	目 p79
mover	naranja	no problema	número de pasaporte	oler mal
モベール	ナランハ	ノ プロブレマ	ヌメロ デ パサポルテ	オレール マル
移す	オレンジ p47,53,60	大丈夫 p83	旅券番号	くさい
mucho	nariz	noche	número de personas	oliva, aceituna
ムチョ	ナリス	ノチェ	ヌメロ デ ペルソナス	オリバ, アセイトゥナ
たくさん	鼻 p79	晩	人数	オリーブの実 p37,51
mucho	natación	noche	número de teléfono	olor
ムチョ	ナタシオン	ノチェ	ヌメロ デ テレフォノ	オロール
多い	水泳	夜 p65	電話番号 p84	香り
mudarse	naturaleza	noche próxima	número postal	olvidar
ムダールセ	ナトゥラレサ	ノチェ プロクシマ	ヌメロ ポスタル	オルビダール
引っ越す	自然	明晩	郵便番号	忘れる
mujer	naturalmente	nombre	**O**	ombligo
ムヘール	ナトゥラルメンテ	ノンブレ		オンブリゴ
妻	当たり前	名前 p26,84		へそ p79
mujer	náuseas	norte	objeto	operación
ムヘール	ナウセアス	ノルテ	オブヘト	オペラシオン
女	吐き気 p78	北 p13	目標	手術 p80
mujer	navidad	nosotros	objeto perdido	opinión
ムヘール	ナビダッ	ノソトロス	オブヘト ペルディド	オピニオン
女性 p46	クリスマス p66	私たち	落とし物	意見
mundo	necesitar	nostálgico	objetos de valor	oponerse
ムンド	ネセシタール	ノスタルヒコ	オブヘトス デ バロール	オポネルセ
世界	要る	なつかしい	貴重品	反対する
muñeca	necesitar	noticia	obra de arte	ordenador
ムニェカ	ネセシタール	ノティシア	オブラ デ アルテ	オルデナドール
人形	必要とする p66,80	ニュース	芸術品	コンピューター
muralla	negociar	novia	obstinado	ordenador
ムラジャ	ネゴシアール	ノビア	オブスティナド	オルデナドール
城壁	交渉する	嫁	頑固	パソコン

or → pe

ordinario オルディナリオ 平均的な	**país** パイス 国	**parar** パラール 止まる・止む	**pecado** ペカド 罪	**perder** ペルデール 負ける p75
oreja オレハ 耳 p79	**paisaje** パイサヘ 景色	**parecido** パレシド 似ている	**pecho** ペチョ 胸 p79	**perder** ペルデール なくす
orina オリナ 尿 p81	**pájaro** パハロ 鳥	**pared** パレッ 壁	**pedir** ペディール 頼む	**perderse** ペルデルセ 迷う p12
oro オロ 金	**pajita** パヒータ ストロー	**pariente** パリエンテ 親戚	**pedir** ペディール 注文する p55	**perfume** ペルフメ 香水 p49
oscuro オスクロ 濃い p47	**palabra** パラブラ 単語	**parir** パリール 産む	**pedir prestado** ペディール プレスタド 借りる	**periódico** ペリオディコ 新聞 p20,52
oscuro オスクロ 暗い	**palacio** パラシオ 宮殿	**parque** パルケ 公園 p28,29,32,36	**pegar** ペガール 貼る	**periodista** ペリオディスタ ジャーナリスト
otoño オトーニョ 秋 p66	**palillos** パリージョス 箸 p56	**parque de atracciones** パルケ デ アトラクシオネス 遊園地	**peinado** ペイナド ヘアスタイル	**período** ペリオド 期間
otorrinolaringólogo オトリノラリンゴロゴ 耳鼻咽喉科 p80	**pan** パン パン p43,50	**parte meteorológico** パルテ メテオロロヒコ 天気予報	**peine** ペイネ 櫛（くし）	**perla** ペルラ 真珠
otra vez オートラ ベス 再び	**pantalones** パンタロネス ズボン p44	**partido** パルティド 試合	**pelear** ペレアール 喧嘩する	**permiso** ペルミソ 許可
otro オートロ 他の	**pañuelo** パニュエロ ハンカチ	**pasado** パサド 過去	**película** ペリクラ 映画	**perro** ペルロ 犬
otro día オートロ ディア 先日	**pañuelo de papel** パニュエロ デ パペル ティッシュペーパー	**pasado de moda** パサド デ モダ 時代遅れ	**peligroso** ペリグロソ 危ない	**perseguir** ペルセギール 追う
otro lado オートロ ラド 反対側	**papel** パペル 紙	**pasado mañana** パサド マニャナ あさって p68	**peligroso** ペリグロソ 危険な	**persistente** ペルシステンテ しつこい
P	**papel higiénico** パペル イヒエニコ トイレットペーパー p20,82	**pasajero** パサヘロ 乗客	**pelo** ペロ 毛	**persona** ペルソナ 人
paciente パシエンテ 患者	**papeles** パペレス 書類	**pasaporte** パサポルテ パスポート p19,83	**peluche** ペルチェ 縫いぐるみ	**pesado** ペサド 重い
padre パドレ 父	**paquete** パケテ 小包	**pasar** パサール 通過する	**peluquería** ペルケリア 美容院	**pesca** ペスカ 釣り
padres パドレス 親	**para ~** パラ 〜行き	**pasearse** パセアールセ 散歩する	**península** ペニンスラ 半島	**pescado** ペスカド 魚（食用）p50,54,59
pagar パガール 払う	**para llevar** パラ ジェバール テイクアウト用	**pastel** パステル ケーキ p43,61	**pensar** ペンサール 考える	**peso** ペソ 重さ
página パヒナ ページ	**parada** パラダ 停留所	**patata** パタタ ジャガイモ p60,63	**pensión** ペンシオン 年金	**peso** ペソ 体重
páginas amarillas パヒナス アマリージャス 電話帳	**parada de taxi** パラダ デ タクシ タクシー乗り場 p8,12,13	**patria** パトゥリア 故郷	**pequeño** ペケニョ 小さい p45,52	**petardo** ペタルド 爆竹 p72
pago anticipado パゴ アンティシパド 前払い	**paraguas** パラグアス 傘 p49,66	**paz** パス 平和	**perder** ペルデール 失う	**petróleo** ペトロレオ 石油

120

pe → pu

pez ペス 魚	**planeta** プラネタ 惑星	**popular** ポプラール 人気がある	**preservativo** プレセルバティボ コンドーム	**prohibido** プロイビド 禁止されている p25
piano ピアノ ピアノ	**~planta** プランタ ~階	**por cierto** ポル シエルト もちろん p23,24	**presidente** プレシデンテ 社長	**prohibido aparcar** プロイビド アパルカール 駐車禁止
picado ピカド 虫刺され p78	**planta** プランタ 植物	**por ejemplo** ポル エヘンプロ たとえば	**presidente** プレシデンテ 大統領	**prohibido flash** プロイビド フラス フラッシュ禁止
picante ピカンテ 辛い p57	**plantar** プランタール 植える	**¿Por qué?** ポル ケー なぜ?	**presión sanguínea** プレシオン サンギネア 血圧 p80	**prohibido sacar fotos** プロイビド サカール フォトス 撮影禁止
pie ピエ 足 p79	**planta baja** プランタ バハ 1階	**porque** ポルケ なぜならば	**prestar** プレスタール 貸す	**prolongar** プロロンガール 延長する
piedra ピエドラ 石	**plásticos** プラスティコス プラスチック	**posible** ポシブレ 可能な	**presupuesto** プレスプエスト 予算	**promesa** プロメサ 約束
piel ピエル 皮	**plata** プラタ 銀	**positivo** ポシティボ 積極的	**prevención** プレベンシオン 予防	**prometerse** プロメテルセ 婚約する
piel ピエル 毛皮	**plátano** プラタノ バナナ p60	**postre** ポストレ デザート	**previsión** プレビジオン 予報	**pronto** プロント すぐに
piel ピエル 皮膚 p79	**plato** プラト 皿 p56	**precio** プレシオ 値段・価格 p41	**primavera** プリマベラ 春 p36,67	**pronunciación** プロヌンシアシオン 発音 p24
pierna ピエルナ 脚 p79	**playa** プラジャ 海岸 p36	**precio** プレシオ 料金 p14	**primer ministro** プリメル ミニストゥロ 首相	**propietario** プロピエタリオ 持ち主
pila ピラ 電池	**plaza** プラサ 広場 p28,29,32,36	**precios** プレシオス 物価	**primera vez** プリメラ ベス 初めて	**propósito** プロポシト 目的
pimienta ピミエンタ 胡椒 p56	**población** ポブラシオン 人口	**pregunta** プレグンタ 質問	**primero** プリメロ 最初	**propuesta** プロプエスタ 提案
pintalabios ピンタラビオス 口紅 p49	**pobre** ポブレ 貧乏な	**preocuparse** プレオクパールセ 心配する	**primo** プリモ いとこ	**protección solar** プロテクシオン ソラール 日焼け止め
pintar ピンタール 絵を描く	**pobre** ポブレ 貧しい	**preocuparse** プレオクパールセ 悩む	**probar** プロバール 試す	**protestar** プロテスタール 抗議する
pintar ピンタール 塗る	**poder ~** ポデール ~できる	**preparar** プレパラール 準備する	**probarse** プロバールセ 試着する p42,46	**proverbio** プロベルビオ ことわざ
pintura ピントゥラ 絵	**poema** ポエマ 詩	**preparar** プレパラール 用意する	**problema** プロブレマ 問題	**próximo** プロクシモ 次
pis ピス おしっこ	**policía** ポリシア 警察・警察官 p83	**presbicia** プレスビシア 老眼	**producir** プロドゥシール 生産する	**prueba** プルエバ 証拠
plan プラン 予定	**pollo** ポジョ 鶏肉 p51,58	**perseguir** ペルセギール 追跡する	**profesor** プロフェソール 教師 p26	**publicidad** プブリシダッ 広告
plan プラン 計画	**polución** ポルシオン 公害	**presentar** プレセンタール 紹介する	**profesor** プロフェソール 先生	**pudrirse** プドゥリールセ 腐る
plancha プランチャ アイロン	**poner** ポネール 置く	**presente** プレセンテ 現在	**profundo** プロフンド 深い	**pueblo** プエブロ 国民

pu → ro

pueblo
プエブロ
村 *p36*

puente
プエンテ
橋

puerta
プエルタ
門

puerta
プエルタ
ドア *p21*

Puerto
プエルト
港 *p29,37*

puesto (de venta)
プエスト（デ ベンタ）
屋台

pulmón
プルモン
肺 *p80*

pulmonía
プルモニア
肺炎 *p80*

pulsera
プルセラ
ブレスレット *p49*

pulso
プルソ
脈拍

purga
プルガ
下剤

Q

qué hora
ケ オラ
何時

¿Qué?
ケー
何?

quehaceres domésticos
ケアセレス ドメスティコス
家事

queja
ケハ
泣き言

quejarse
ケハルセ
苦情を言う

quemadura
ケマドゥラ
やけど *p78*

querer
ケレール
恋する

querer
ケレール
欲しい *p48*

queso
ケソ
チーズ *p51,58,63*

quién
キエン
誰

química
キミカ
化学

quitarse
キタールセ
脱ぐ

R

radio
ラディオ
ラジオ

rápido
ラピド
速い

raro
ラロ
珍しい

rascacielos
ラスカシエロス
高層ビル

rata
ラタ
鼠

ratero
ラテロ
スリ

rayos Roentgen
ラジョス ロエントゥヘン
レントゲン

raza
ラサ
人種

razón
ラソン
理由

real
レアル
王室の, 王立

rebajas
レバハス
バーゲン *p42*

rebajas
レバハス
安売り

recado
レカド
伝言

recepción
レセプシオン
受付

recepción
レセプシオン
チェックイン *p19*

recepción
レセプシオン
フロント

recibir
レシビール
受け取る

recibir
レシビール
迎える

recibir
レシビール
もらう

recibo
レシボ
領収書 *p17,81*

recién casados
レシエン カサドス
新婚

recientemente
レシエンテメンテ
最近

recomendación
レコメンダシオン
推薦

recordar
レコルダール
覚えている

recordar
レコルダール
思い出す

recto
レクト
まっすぐ *p13*

recuerdo
レクエルド
思い出

recuerdo
レクエルド
土産

recuperar
レクペラール
回復する

refrigerador
レフリヘラドール
冷蔵庫

regalar
レガラール
贈る

regalo
レガロ
プレゼント

región
レヒオン
地方

registrar
レヒストラール
登録する

regla
レグラ
規則

regulación
レグラシオン
規制

rehusar
レウサール
断る

reír
レイール
笑う

relación
レラシオン
関係

religión
レリヒオン
宗教

rellenar
レジェナール
記入する

reloj
レロッ
時計

remitente
レミテンテ
差出人

reparar
レパラール
修理する

repartir
レパルティール
分ける

repetir
レペティール
繰り返す

resaca
レサカ
二日酔い

reserva
レセルバ
予約 *p9,54,55*

reservarse
レセルバルセ
遠慮する

resfriado
レスフリアド
風邪 *p78,80*

resolver
レソルベール
解決する

respetar
レスペタール
尊敬する

responder
レスポンデール
答える

responsable
レスポンサブレ
責任がある

respuesta
レスプエスタ
返事

restaurante
レスタウランテ
レストラン *p54,56*

resultado
レスルタド
結果

resultado
レスルタド
成績

retirarse
レティラルセ
引退する

retiro
レティロ
退職 *p26*

reunión
レウニオン
会議

reunir
レウニール
集める

reunirse
レウニルセ
集まる

revés
レベス
裏

revista
レビスタ
雑誌 *p52*

rey
レイ
王

rezar
レサール
祈る *p33*

rico
リコ
金持ち

riguroso
リグロソ
厳しい

riñón
リニョン
腎臓 *p80*

río
リオ
川

robar
ロバール
盗む

robo
ロボ
強盗 *p83*

robo
ロボ
盗難 *p83*

122

ro → su

rojo ロホ 赤い p47	**sala de espera** サラ デ エスペラ 待合室	**secar** セカール 乾かす	**serpiente** セルピエンテ 蛇	**solitario** ソリタリオ 孤独な
romper ロンペール 壊す	**salado** サラド 塩辛い p56	**secarse** セカールセ 乾く	**servicio** セルビシオ サービス料	**solitario** ソリタリオ 寂しい
romperse ロンペルセ 壊れる	**salario** サラリオ 給料	**seco** セコ 乾燥した	**servicio** セルビシオ トイレ p8,12,20,55,82	**solo(la)** ソロ (ソラ) 一人
ropa ロパ 服 p44,46	**salida** サリダ チェックアウト p19	**secretario** セクレタリオ 秘書	**sesos** セソス 脳	**soltero** ソルテロ 独身
ropa de segunda mano ロパ デ セグンダ マノ 古着	**salida** サリダ 出口	**secreto** セクレト 秘密	**sí** シ はい (肯定) p23,29	**soltero** ソルテロ 未婚
ropa interior ロパ インテリオール 下着 p44	**salida de emergencia** サリダ デ エメルヘンシア 非常口	**seda** セダ 絹 p47	**SIDA** シダ エイズ	**sombra** ソンブラ 影
ruidoso ルイドソ うるさい	**salir** サリール 出発する p14,15	**seductor** セドゥクトル セクシー	**siempre** シエンプレ いつも	**sombrero** ソンブレロ 帽子 p44
ruinas ルイナス 遺跡	**salir** サリール 出かける	**seguridad** セグリダッ 安全 p18	**siempre** シエンプレ ずっと p79	**sonido** ソニド 音
rumor ルモール 噂	**salir** サリール 出る	**(sure)seguro** セグロ 確かな	**silla** シージャ 椅子	**sopa** ソパ スープ p58
ruta ルタ ルート	**salón** サロン 居間	**seguro** セグロ 保険 p81	**simple** シンプレ 地味な	**soportar** ソポルタール 我慢する
![S] **S**	**salón de entrada** サロン デ エントラダ ロビー	**sello** セジョ 切手 p52	**sin falta** シン ファルタ 必ず	**sospechoso** ソスペチョソ 怪しい
sábado サバド 土曜日 p68	**salsa de soja** サルサ デ ソハ 醤油	**semana** セマナ 週 p68	**sin trabajo** シン トラバホ 無職 p26	**sostén** ソステン ブラジャー
sábana サバナ シーツ	**saltear** サルテアール 炒める	**semana pasada** セマナ パサダ 先週	**sobre** ソブレ 封筒	**subordinado** スボルディナド 部下
saber, conocer サベール、コノセール 知る	**salud** サルー 健康	**sentarse** センタールセ 座る	**sociedad** ソシエダッ 社会	**substituto** スブスティトゥト 代理人
sabor サボール 味 p56	**saludo** サルド あいさつ p22	**sentido** センティド 感覚	**sociedad anónima (S.A.)** ソシエダッ アノニマ (エセ アー) 株式会社	**subterráneo** スブテラネオ 地下
sabroso サブロソ おいしい p56	**sandalias** サンダリアス サンダル p45	**sentido** センティド 意味 p24	**sol** ソル 太陽 p36	**sucio** スシオ 汚い
sacar サカール 抜く	**sangre** サングレ 血 p81	**sentimiento** センティミエント 気持ち	**sol naciente** ソル ナシエンテ 日の出	**sucio** スシオ 汚れた
sacrificio サクリフィシオ 犠牲	**se prohíbe la entrada** セ プロイベ ラ エントラダ 立入禁止	**sentimiento** センティミエント 感情	**soldado** ソルダド 兵士・兵隊	**sudor** スドール 汗
sake サケ 日本酒	**secador de pelo** セカドール デ ペロ ドライヤー p20	**septiembre** セプティエンブレ 9月 p69	**solicitud** ソリシトゥ 申し込み	**suelo** スエロ 地面
sal サル 塩 p48,56	**secar** セカール 干す	**ser despedido** セール デスペディド 首になる (解雇)		**suelo** スエロ 床

123

su → tr

suelto
スエルト
小銭

sueño
スエニョ
夢

suficiente
スフィシエンテ
足りる

superficie
スペルフィシエ
表

supermercado
スペルメルカド
スーパーマーケット p12,43,48

suponer
スポネール
仮定する

supremo
スプレモ
最高の

sur
スル
南 p13

T

tabaco
タバコ
タバコ p52

talento
タレント
才能

tamaño
タマニョ
サイズ p45,46

tapa
タパ
蓋

tarde
タルデ
午後 p65

tarde
タルデ
遅い

tarde
タルデ
夕方

tarifa
タリファ
使用料

tarifa
タリファ
運賃 p15

tarjeta
タルヘタ
カード

tarjeta de banco
タルヘタ デ バンコ
キャッシュカード

tarjeta de crédito
タルヘタ デ クレディト
クレジットカード
p14,17,19,43,55,83

tarjeta de visita
タルヘタ デ ビシタ
名刺

tarjeta postal
タルヘタ ポスタル
絵はがき

taxi
タクシ
タクシー p8,9,10,11,12,32

té
テー
紅茶 p48,61

té
テー
茶 p48,61

teatro
テアトゥロ
劇・劇場 p76

techo
テチョ
天井

técnica
テクニカ
技術

teléfono
テレフォノ
電話 p20,82

teléfono móvil
テレフォノ モビル
携帯電話

teléfono público
テレフォノ プブリコ
公衆電話 p8

televisor
テレビソール
テレビ p18,82

temperatura
テンペラトゥラ
温度

temperatura
テンペラトゥラ
気温

temperatura
テンペラトゥラ
体温

templo
テンプロ
寺院

temporal
テンポラル
臨時の

temprano
テンプラノ
早い

tenedor
テネドール
フォーク（食器）p56

tener
テネール
持っている

tener comezón
テネール コメソン
かゆい p78

tener cuidado
テネール クイダド
気をつける

tener cuidado
テネール クイダド
用心する

tener fiebre
テネール フィエブレ
熱がある p78

tener hambre
テネール アンブレ
お腹がすく

tener sed
テネール セッ
のどが乾く

tener sueño
テネール スエニョ
眠い

tener un pinchazo
テネール ウン ピンチャソ
パンクする

tener vértigo
テネール ベルティゴ
めまいがする p78

tenis
テニス
テニス

termas
テルマス
温泉

terminar
テルミナール
終わる p65

termómetro
テルモメトロ
体温計

ternera
テルネラ
牛肉 p58

terremoto
テレモト
地震

terreno
テレノ
土地

terrible
テリブレ
ひどい

territorio
テリトリオ
領土

tétano
テタノ
破傷風

tiempo
ティエンポ
天気 p66

tienda
ティエンダ
店

tienda libre de impuestos
ティエンダ リブレ デ インプエストス
免税店 p48

tifón
ティフォン
台風

tipo
ティポ
レート

tipo
ティポ
種類

tirar
ティラール
引く

toalla
トアジャ
タオル p20

tobillo
トビージョ
くるぶし

tocar
トカール
触る

tocólogo y ginecólogo
トコロゴ イ ヒネコロゴ
産婦人科

toda la vida
トダ ラ ビダ
一生

todavía ~
トダビア
まだ～

todo
トド
全部

todo
トド
すべて

todos
トドス
皆（みな）

todos
トドス
全員

Tokio
トキオ
東京

tolerar
トレラール
耐える

tomar
トマール
乗る p8,9,10,11

tomate
トマテ
トマト p60,73

torcerse
トルセルセ
捻挫する p78

toro/vaca
トロ / バカ
牛（雄牛 / 牝牛）p71

toros
トロス
闘牛 p29,37,70,73

tos
トス
咳 p78,81

tostada
トスタダ
トースト

trabajar
トラバハール
働く

trabajo
トラバホ
仕事 p26

tradicional
トラディシオナル
伝統的 p54

traducir
トラドゥシール
翻訳する

tráfico
トラフィコ
交通

traicionar
トライシオナール
裏切る

traje
トラヘ
スーツ

tranquilidad
トランキリダッ
安心

tranquilo
トランキーロ
静かな p18

transbordador
トランスボルダドール
フェリー

trasera
トラセラ
後ろ p13

traspaso
トラスパソ
移籍

tr → zu

tratar トラタール もてなす	una semana ウナ セマナ 1週間 *p69*	vecino ベシーノ 近所の／隣人	viajero ビアヘロ 旅行者	voluntario ボルンタリオ ボランティア
travesura トラベスラ いたずら	una vez ウナ ベス 1回	vegetariano ベヘタリアノ 菜食	victoria ビクトリア 優勝	volver ボルベール 帰る／戻る *p13*
tren トレン 列車	unilateral ウニラテラル 一方的	vela ベラ ろうそく	vida ビダ 生命	volver a verse ボルベール ア ベルセ 再会する
tren トレン 電車 *p8,10*	universidad ウニベルシダッ 大学	velocidad ベロシダッ スピード	vida ビダ 命	vomitar ボミタール 吐く
tren expreso トレン エクスプレソ 急行列車 *p15*	universo ウニベルソ 宇宙	vendedor ベンデドール 営業職	vida ビダ 生活	voz ボス 声
triángulo トゥリアングロ 三角	urgente ウルヘンテ 緊急の	vender ベンデール 売る	viejo ビエホ 古い	vuelta ブエルタ お釣り *p17,41,55*
triste トリステ 悲しい	urticaria ウルティカリア じんましん *p78*	venir ベニール 来る	viejo ビエホ 老人	**Y**
trompeta トロンペタ ラッパ	usar ウサール 使う	ventana ベンタナ 窓 *p17*	viento ビエント 風 *p66*	yate ジャテ ヨット
tuberculosis トゥベルクロシス 結核	usted ウステッ あなた	ver ベール 見る	viernes ビエルネス 金曜日 *p68*	yen ジェン 日本円 *p41*
tumba トゥンバ 墓	ustedes ウステデス あなたたち	ver ベール 会う	vinagre ビナグレ 酢 *p56*	yo ジョ 私 *p50*
túnel トゥネル トンネル	útil ウティル 役に立つ	verano ベラノ 夏 *p67*	vino (tinto / blanco) ビノ（ティント／ブランコ） ワイン（赤／白）*p48,57*	**Z**
turismo トゥリスモ 観光 *p28,32,36*	**V**	verdad ベルダッ 真実	violación ビオラシオン 違反	zapatería サパテリア 靴屋 *p43,45*
turista トゥリスタ 観光客	vacaciones バカシオネス 休暇	verdad ベルダッ 本物	visado ビサド ビザ	zapatos サパトス 靴 *p45,46*
U	vacaciones de verano バカシオネス デ ベラノ 夏休み *p66*	verde ベルデ 緑色 *p47*	visitar ビシタール 訪れる	zona ソナ 地域
último ウルティモ 最後 *p50*	valentía バレンティア 勇気	verdura ベルドゥラ 野菜 *p50*	visitar ビシタール 見学する	zona turística ソナ トゥリスティカ 観光地
último ウルティモ 最新	valer バレール 値打ちがある	vergonzoso ベルゴンソソ 恥ずかしい	vivir ビビール 生きる	zoológico ソーロヒコ 動物園
ultramar ウルトラマル 海外	válido バリド 有効な	vestirse ベスティルセ 着る	vivir ビビール 住む	zumo スモ ジュース
un día ウン ディア 1日	valioso バリオソ 価値がある	~vez ベス ～回	volar ボラール 飛ぶ	
un poco ウン ポコ 少し *p17,79*	vaqueros バケロス ジーンズ *p44*	viaje ビアヘ 旅行 *p81*	volcán ボルカン 火山	
uña ウニャ 爪 *p79*	vaso バソ コップ *p56*	viaje organizado ビアヘ オルガニサド ツアー *p33*	voltaje ボルタヘ 電圧	

125

あとがき

　2歳の私が「おじいちゃんが仕事から帰ってきたよ」と話したことをきっかけに、彫刻家であった父とともに家族3人でスペインに移り住みました。叔父がスペインに住んでいたこともあり、父親も安心していたのか、2歳の娘が日本語をここまで話せればスペインに行っても言葉で苦労はしないだろうとの判断だったようです。

　当の私はと言えば、はるか遠くの異国に連れられて行くとはつい知らず、鏡台の前でお化粧をする真似をして祖父母に「ちょっと行ってきますね」とませたように言ったそうです。子供の私は、ちょっと遠出のお出かけのつもりだったのでした。このエピソードは今でも祖父母の涙を誘います。

　スペインで3歳の誕生日を迎えた私は、現地の幼稚園に入ることになりました。

　そこは国際色あふれた幼稚園でしたが、インターナショナルスクールではなく現地の学校だったため、当然ですがスペイン語しか通じませんでした。

　日本語、しかも幼児語しか話せない私は、スペイン人の中に混ぜられて困惑する毎日でした。それでも両親は毎日私を幼稚園に置き去りにして「バイバイ」とすぐ帰ってしまうのです。3歳ながらに、私は親に捨てられたのだと思っていました。大きくなってから、「あの時は私たちも死ぬような思いであなたを幼稚園においていったのよ」と聞かされました。なんでも母親はアパートのテラスから望遠鏡で幼稚園を覗き、私の様子をうかがっていたようです。置いていかれた私は、たまたま庭にいた牛に向かって「お父さん、お母さんのヴァカ〜」と大声で泣きながら叫んでいたのだそう。しかし、この「ヴァカ〜」の発音が幼稚園の先生には〝牛〟に聞こえたようで、「この子はもうスペイン語を話しているから、そんなに心配しなくてもすぐペラペラになりますよ」と両親に伝えたそうです。

　自分では意識していませんでしたが、「vaca」というスペイン語が、私が初めて覚えたスペイン語でした。それからは子供ならではの順応性で、どんどんスペイン語を覚えて、たくましくスクスクと育ちました。

　私たち家族は、人との出会いにとても恵まれていました。学校での出会い、アパートのお隣さんとの出会い、アジア人であることが仇になることはほとんどなく、むしろ興味をもって接してくれるスペイン人の方が多かったため、とても恵まれた環境で生活ができました。

引っ越したアパートの向かい側に住むスペイン人家族が、アジア人の私たち家族に興味を持ち、ささやかな交流がはじまると、たまたま教育一家だったこともあって、料理のレシピから正しいスペイン語の使い方まで教えてくれるようになりました。

　のちに帰国した私は語学維持のため、年に一度はスペインに行き、そのたびに彼らのところでホームステイをすることになります。

　子供のころは、最初こそ環境の変化に戸惑って、じっと周りを観察するものの、早々に怖いものなし、極々自然に人とコミュニケーションをとっていました。大人になるにつれて、話すということに対して考えすぎてしまうのか、積極的に人と接することができなくなってしまいます。特に日本人はその傾向が強いかもしれません。スペインの旅というテーマとシーンで、スペイン人とコミュニケーションをとることを想定しこの本を書いていたら、自分が日本でどれだけ遠慮がちに生きてしまっているかを痛感しました。

　ひとたびスペインに行くと、人間が変わったようにペラペラと人と話し、知らない人にでも声をかけてしまいます。もちろんそこには、情熱的で、明るく、フレンドリーで、好奇心旺盛なスペイン人の気質があります。だから、たとえたどたどしいスペイン語でも、あるいは日本語でもいいでしょう、遠慮なく話しかければ、彼らはきっと情熱的な笑顔で応えてくれます。そして、本書を広げ、伝えたい言葉を指さしながら、現地語読みをその場で読んでみれば、彼らはあなたに興味を抱くでしょう。

　皆さんがスペインを訪れる理由は様々だと思います。観光で訪れる方、たまたま立ち寄ることになった方、またはビジネスで訪れる方……理由はどうあれ、スペインを訪れたのなら、スペインという国に興味を持ち、日本と何が違うのか、何が似ているのか、実際にスペイン人とコミュニケーションをして感じてください。旅の醍醐味のひとつは見知らぬ人たちとの出会いです。そして、出会いは何よりも大きな旅の記憶になるでしょう。

　本書を通して、スペインの旅がより楽しく、より思い出深いものになって、私のもうひとつの故郷であるスペインの文化や歴史にも興味を広げていただき「またスペインに行きたい！」、もしくは「スペインでできた友達を日本に呼んで日本のことも知ってもらいたい！」、そう思えるきっかけなればと思います。

¡Disfrute su viaje!

2014年　4月　佐藤　圭

著者◎佐藤 圭 (さとう・けい)

1984年岐阜県生まれ。青山学院大学英米文学科卒業。3歳の時に彫刻家の父と母、親子3人でスペインのマラガに移住。現地の小学校に通う。スペインで6年間暮らした後、帰国。その後も年に一度スペインへ行き、中高大学時代には語学維持のためにマドリードの友人宅にホームステイし勉強を続ける。大学卒業後、語学力（スペイン語・英語）が求められるファッション関係の仕事に就き、日々外国人と接している。スペイン語ができない人たちにも、旅行を通してスペインの魅力を感じ、楽しんでもらいたいという願いがある。

イラスト	藤田美菜子 http://minakofujita.com/
ブック デザイン	佐伯通昭 http://www.knickknack.jp
編集協力	さくら編集工房
協力	Eva María Zamora Sancibrian S.A. チュッパチャプス 日本事務所

ここ以外のどこかへ！

旅の指さし会話帳⑫スペイン［第五版］

2014年　5月5日　第四版第1刷
2022年　6月5日　第四版第4刷
2024年　12月19日　第五版第1刷

著者 ———————————
佐藤　圭

発行者 ———————————
田村隆宗

発行所 ———————————
株式会社ゆびさし
〒151-0053 東京都渋谷区代々木 1-30-15
　　　　　　　天翔代々木ビル S607
電話 03-6324-1234
https://www.yubisashi.com

印刷 ———————————
モリモト印刷株式会社

©2014, 2024　Kei Sato
ISBN978-4-7958-5393-5
落丁本・乱丁本はお取替えいたします。

＊「旅の指さし会話帳」及び「YUBISASHI」は、
　(株) ゆびさしの登録商標です。
＊「YUBISASHI」は国際商標登録済みです。